V. *1723.*

IDEA DEL TEMPIO
DELLA PITTVRA
DI GIO. PAOLO LOMAZZO
PITTORE.

NELLA QVALE EGLI DISCORRE
dell'origine, & fondamento delle cose contenute nel
suo trattato dell'arte della pittura.

All'Inuittiß. et Potentiß. Signore il Rè Don Filippo d'Austria &c.

CON PRIVILEGIO.

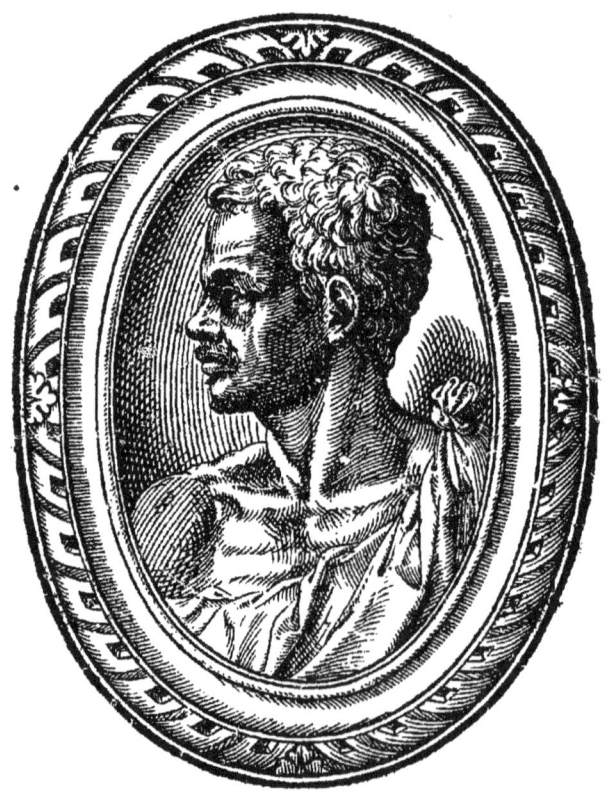

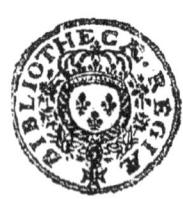

In Milano, per Paolo Gottardo Pontio. Con licenza de'Superiori.

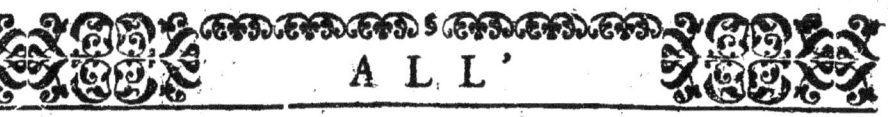

INVITTISSIMO, ET

POTENTISSIMO SIGNORE
IL RE DON FILIPPO D'AVSTRIA
MIO SIGNORE.

ON dubitai quando frà tutti i Prencipi grandi di questa età, io elessi V. M. à
cui dedicassi quest'opera mia, ch'ella
non fosse per accettarla benignamen-
te, & gradirla, se ben humile, & indegno dono di
lei : pensando à quella singolar sua humanità, con
cui ella non meno, che con le altre heroiche virtù e
con la grandezza de gli Stati auanza tutti gli altri
Prencipi non pur del presente mà anco de i passati
secoli. Mà niuna cosa però in quella sospensione
di animo che mi nasceua dalla consideratione del-
l'humiltà del mio dono mi hà animato più che il ri
cordarmi quanto V. M. frà le altre arti liberali, delle quali si diletta, principalmente si compiaccia di
questa nobilissima arte della pittura. Perche m'assi-
curai che se ben l'artificio con che è fabricato questo mio tempio (che così m'è piacciuto d'intito-
larlo) è rozo, & ignobile, nondimeno per la nobil-

tà della materia di cotal fabrica, ch'è la pittura, &
per l'affettion, & stima in che'V. M. hà quest'arte,
ella non si sarebbe sdegnata fràle sue alte cure d'in-
chinar alle volte gl'occhi verso di lui, & con diletto
rimirarlo. Questo è parto ch'vscì da me ne gl'anni
della mia giouentù, concetto in quelle hore, che
stanco del dipinger, hauea bisogno di ricreatione;
non ritrouando il più dolce ristoro che contempla
re, & inuestigare i segreti di quell'arte, ch'io tutto
dì essercitauo. Et hora l'hò ripigliato frà le mani,
e politolo, & abbellitolo il più che hò potuto. Vi
si ragiona ordinatamente di tutte le parti sostan-
tiali della pittura, cioè della proportione, del moto,
de i colori, de i lumi, della prospettiua, de la compositione delle cose, & finalmente della forma di
tutto quello che co'l pennello può rappresentarsi,
E viene ad esser questo trattato come spirito, e luce
dell'altro della pittura, oue di tutte queste parti distesamente si è fauellato. Era mio proponimento
ancora, & di già gli haueua dato principio di dise-
gnar le figure, per le quali si potesse più chiaramente comprendere tutta la ragion di operare, & di
mettere in prattica quanto per via di regole, & precetti haueua insegnato. Il che sarebbe stato di gran
dissima vtilità, non solo à i puri prattici, mà anco à
i theorici. Mà non hò potuto condurlo à fine, es-

sendo

fendo rimaſo cieco nel più bel verde dell'età mia, quando appena ero aggiunto à trenta trè anni. Per il che tutto riuolto alla teorica, hò atteſo ſolamente ad ampliareſſe regole & oſſeruationi, con ſtudio continuo, & faticoſo, mà non però mai graue, anzi giocondo ſempre, & diletteuole; conſiderando ch'io trattaua d'vn'arte tanto pregiata, & nobile, che ſola per lo più degno ſenſo del corpo humano trappaſſando al giudicio da doue naſce, & iui vnita riſchiarandolo, la vera cognition della bellezza delle coſe create ci apporta. Et in oltre penſando al giouamento che potea ſeguire, co'l di moſtrare altrui la via ſpedita, & piana d'imitare, & come emular la natura, in che conſiſte tutta l'arte della pittura. Coſa che da pochi ſenza il lume delle regole, & dei precetti può eſſere inteſa. Reſtarebbe ch'io rendeſſi le cauſe per le quali mi ſon moſſo à conſecrare à V. M. queſti miei ſcritti più toſto, che ad altro Principe. Mà elle poſſono eſſere facilmente da tutti congetturate, poi che ognun ſá che il fine principale de gli ſcrittori di dedicar l'opere ſue à Prencipi e gran Signori, è per difendergli con l'auttorità loro da i morſi de gl'inuidi, e maledici; & ogn'vno inſieme ſà che maggior protettore io non mi poteua ſcegliere, ne per grandezza di fortuna, ne per grandezza di meriti, che V. M. la quale

✠ 3 con

con mano ſi liberale hà arrichita Dio di tutti i doni che ſono riputati deſiderabili frà gli huomini, che niuno, ò de' paſſati, ò de i preſenti poſſono aggualgliarſele. Benche queſto non è ſoggetto da ragionarne in breue lettera dettata da roza, & ineſperta lingua, mà degno ſolo di poemi chiariſſimi, e d'hiſtorie. Queſto ſolo dirò, che per la cognitione che V. M. hà della pittura, & per la molta ſtima in che moſtra d'hauerla, hò giudicato che ſotto la protettion, & difeſa di niun altro Principe queſta creatura mia poteſſe ſtarſi più ſicura che di V. M. poi ch'ella non ſolo con lo ſcudo dell'auttorità, mà anco delle ragioni ſaprà, e vorrà difenderla. Si degnerà dunque di accoglierla con quella fronte lieta, e quell'occhio ſereno che ſuole, non prezzando di lei altro, che l'affettion grandiſſima, la riuerenza, & la diuotion verſo il glorioſo nome ſuo, con ch'ella vergognoſa inanzi ſe le preſenta. Che nel reſto, & ella, & io troppo ben conoſciamo quanto per l'altre parti ſiamo indegni di venirle in conſpetto, non che d'eſſere accolti, & hauuti cari. In Milano alli x v. di Decembre 1 5 9 0.

Di V. M.

Humiliſſ. creato, & Vaſſallo

Gio. Paolo Lomazzo.

Ad Regem Opt. Max. PHILIPPVM Auſtrium Sigiſmundus Folianus.

REgibus es magnis ortus, rex maximus ipſe,
  In terris ſi quis maximus eſſe poteſt:
Nec ſolùm rex maximus es, verum optimus; almam
  Quòd CHRISTI pacem remq. fidemq. foues:
Et tua facta bonis ſunt optima, maxima magnis,
  Et ſummo es ſimilis pœnè PHILIPPE DEO.

AD IOANNEM PAVLVM LOMATIVM
De eius templo, ſiue Idea picturæ eiuſdem Sigiſmundi Foliani epigramma.

INgenio quantum valeas, ſis quantus & vſu
  Pingendi, hoc mirum nos docet artis opus:
Quod cœlo eſt ſimile, & picta ſub imagine præbet,
  Quæ bene mens potis eſt cernere, non oculus.
Et ſi oculis captus, tu non es mente, Lomati
  Quò minus atque oculis, hoc mage mente vides:
Qui templum condis, cuius penetralia tantùm
  Picturæ doctis detur adire viris.

IN LIBRVM IO. PAVLI HOMATII
Bernardini Baldini Carmen.

PHidiacis redijt laudabilis artibus ætas:
  Quod fert Praxiteles, egregioſq; Scopas;
Atq; alios, quorum te laudatore Properti
  Viuit adhuc, nunquam deperiturus honos;
Præcipue Paulum; quem ſi vetus adſit Apelles
  Priſcis, atq; ſibi ſentiat eſſe parem.
Cernere quem lynceis teſtatur acutius orbum
  Iſte ferens cæcis lumina nota, liber.

Di Don Gregorio Comanini.
All'Auttore.

FVOR talpa, e dentro lince, hor con qual arte
Ergi illuftre edificio, in cui la gloria
Splender fai de' Pittori, e tefsi hiftoria
Di lor opre, che'l mondo hà'n fe cofparte?
Già non Tantalo, o Crefo alcun nomarte
Puote, o qual d'auro più fi pregia, e gloria:
E pur vn aureo tempio à tua memoria
Formi, che'n vece d'archi hà profe, e carte.
Carte via più che marmi à'i durì denti
Del tempo falde, oue fon dotti intagli,
Chiare voci, almi fenfi, alti fecreti.
Quanto honor, quanta fama amico hor mieti,
Che sì cieco sì vedi, ond'Argo agguagli,
E perche nulla puoi, tutt'ofi e tenti.

Del Cauaglier Vefpafiano Marini.
All'Auttore.

PIEN di fomma ineffabile bontate,
Creato dall'eterno almo Fattore,
S'affiffe il gran Lomazzi allo fplendore
Di Dio, del Ciel, dell'Anime beàte,
Di armonia vago, d'ordine, & beltate,
D'i perfetta fapienza, alto valore,
E accefo à i raggi di foprano Amore,
Scefe à illuftrar ogni futura etate.
Et di fe addorno d'Ippocrene il Coro,
D'affetto la Pittura, e moto, e vita,
Quando moftrò di chiuder gli occhi, aperfe
Che lieto, e altier del gemino teforo,
Quindi à gran vol d'alta vertù romita,
Acquila al Ciel poggiò, di'aperto fcerfe.

Tauola

Tauola de i capitoli dell'opera.

Del modo

Tauola

Tauola delle cose notabili contenute nella presente opera.

Autore

Opere

Qu talia

Tauola de' nomi degli artefici più illustri, così antichi come moderni citati in quest'opera.

A

ABbate Primaticcio Bolognese pittore.

Adriano Frilo scoltore, & statouaro.

Adrian de Vasellas di Brugia stuccatore.

Alberto Durero da Nurimbergh pittore, & intagliatore.

Alessandro Vitorio da Trento scoltore, & statuaro.

Andrea del Sarto Fiorentino pittore.

Andrea Mantegna Mantouano pittore.

Andrea Gallarato prospettiuo.

Andrea Solari Milanese pittore.

Andrea di Brunige Fiamengo orefice.

Anfione antico pittore.

Annibal Fontana Milanese scoltore, & statuaro.

Annuntio de Galitij da Trento miniatore.

Antigono pittore, & statuaro.

Antonio da Corregio pittore.

Antonio Licino da Pordenone pittore.

Antonio Maria Vaprio Milanese pittore.

Apelle Ateniese pittore.

Archifrone anticho architetto.

Archimede Siracusano architetto, & matematico.

Aristide Thebano pittore.

Aristotile Stagirita antico Filosofo, & Matematico.

Asclepidoro antico pittore, & prospettiuo.

Atteio Labeone Pretore, & Proconsole antico pittore.

Aurelio Louini Milanese pittore.

Azel

Azel Arabo prospettiuo.

B

Baccio Bandinelli Fiorentino pittore, & iscoltore.
Baldaffar Petrucci Senese pittore, & architetto.
Barozzi detto il Campagnuolo pittore, & architetto.
Bartolomeo detto Bramantino Milanese pittore, & archi-
Bartolomeo Passarotti Bolognese pittore.   (tetto.
Bernabà Pigliasco Milanese matematico.
Bernardino Louino Milanese pittore.
Ber.^{no} Capi Cremonese pittore, & seguace del Boccaccino.
Bernardino Baldino Milanese Matematico.
Bernardino Lanino da Vercelli pittore.
Bernardino Piacenza Milanese orefice.
Bernardo Soiaro Pauese pittore.
Bernardo Zenale da Triuigi pittore, & architetto.
Bernardo Butinone Milanese pittore, & architetto.
Bernardo Ferrari da Vigeuano pittore.
Bularco antico pittore.

C

Calisso Olimpiade antica pittrice.
Camillo Boccaccino Cremonese pittore.
Camillo Porcaccino Bolognese pittore.
Caradosso Foppa Milanese orefice, & plasticatore.
Carlo Souico Milanese orefice.
Catarina Cantona nobilissima Milanese ricamatrice.
Cesare Sesto Milanese pittore.
Cesare Cesariani Milanese architetto.
Cimabue Fiorentino pittore.
Cicene Olimpiade antica pittrice.

Clemente

Clemente Birago Milanese eccell. ne camei, & medaglie.

D

DAniello Ricciarelli da Volterra pittore, ftatouaro, &
iſcoltore.

Daniello Barbaro Patriarca d'Acquilea proſpettiuo.

Demetrio Filoſofo, & pittore.

Dionigi Caluert d'Anuerſa pittore.

Domenico da Melì del Lago da Lugano architetto, &
ftuccatore.

Dominico Lonati Milaneſe architetto.

Donato cognominato Bramante da Caſteldurante pittore, & architetto.

Don Giulio Clouio di Crouatia miniatore.

E

EMilio Ariu Venetiano ſcultore, & ſtatuaro.
Euclide Megareſe matematico.

Eufranore Iſthmio pittore, & iſcoltore.

Eumpompo grandiſsimo pittore, & matematico.

F

FEde de i Galitij da Trento pittrice.
Federico Barozzi da Vrbino pittore.

Federico Zuccaro da Vrbino pittore.

Franceſco Mazzolino Parmigiano pittore.

Franceſco Melzi Milaneſe miniatore.

Franceſco Baſſano pittore Venetiano.

Franceſco Saluiati Fiorentino pittore.

Franceſco Fattore pittore.

Franceſco Brambilla Milaneſe ſcoltore, & ſtatouaro.

Frate Luca dal Borgo matematico.

Gaudentio

Gaudentio Ferrari da Valdugia pittore, & plasticatore.
Gemino Greco matematico, & prospettiuo.
Gentile Bellino Venetiano pittore.
Giacomo Soldati Milanese architetto.
Giacobo Tintoretto Venetiano pittore.
Giacomo Chiocci scultore.
Giacomo Bassano Venetiano pittore.
Giacomo Palma Venetiano pittore.
Giacomo Bertoia Parmigiano pittore.
Giacomo Palmetta Venetiano pittore.
Giacomo Ligozzi Veronese pittore, & miniatore.
Giacomo da Trezzo Milanese intagliatore di camei, & medaglie.
Gianello Torriano Cremonese matematico.
Gieronimo di Hoselar da Bruseles tapecciero.
Gieronimo Cardano Milanese matematico.
Gieronimo Machietti Fiorentino pittore.
Gieronimo Delfinone Milanese ricamatore.
Giorgione da Castel Franco pittore.
Giorgio Vasari Aretino pittore, & architetto.
Gioseffo da Meda Milanese pittore, & architetto.
Gioseffo Arcimboldi Milanese pittore.
Giotto Fiorentino pittore, scoltore, & architetto.
Giouáni Fiamengo pittore che hà disegnato l'anotomia del Vesalio.
Giouanni Bellino Venetiano pittore.
Giouanni Bologna di Deuai scoltore, & statouaro.
Giouanni da Brugia pittore.

Gio. Battista Bergamasco pittore, & architetto.

Giouanni di Errera architetto.

Gio. Paolo Lomazzo Milanese pittore.

Giouanni Fiamengo pittore.

Gio. Stradanus Fiamengo pittore.

Gio. Battista Clariccio da Vrbino pittore, & architetto.

Gio. Battista Suardo Milanese intagliatore nei legni, & ne'

Giouanni Friso Fiamengo orefice.   (cunij.

Giouanni d'Arostos Fiamengo tapezziero.

Giulio Romano pittore, & architetto.

Giulio Campi Cremonese pittore.

H

Hercole Porcaccino Bolognese pittore.

I

Iddio primo pittore, & plasticatore.

Irene Olimpiade antica pittrice.

Isibel Peum da Nurimbergo pittore, & intagliatore.

L

Lauinia Fontana Bolognese pittrice.

Lazaro Calui Genouese pittore.

Leonardo Vinci Fiorentino pittore, & plasticatore.

Leon Battista Alberto Fiorentino pittore, & architetto.

Leone Leoni Aretino statouaro, & scoltore.

Lisippo Sitionio statouaro, & scoltore.

Lorenzo Lotto Bergamasco pittore.

Lorenzo Sabadino Bolognese pittore.

Luca Cangiaso Pozzeuerasco pittore, & scoltore.

Luca da Laie d'Olanda pittore.

Luca Schiauone ricamatore.

M

MArtia antica pittrice.

Marco da Siena pittore.

Marco Valerio Mafsimo antico pittore.

Marco Antonio Delfinone milanefe ricamatore.

Martino Bafsi milanefe architetto.

Martino de Vos d'Anuerfa pittore.

Matematici diuerfi che fi ritrouano nel capitolo 19.

Maturino Fiorentino pittore.

Menechino antico ftatouaro.

Mercurio Trifmegiftro Theologo, & matematico Egittio.

Metrodotto Atheniefe antico Filofofo, & pittore.

Michel Angelo Buonarroti Fiorentino pittore, & ftatouaro, fcoltore, & architetto.

N

NIcolò Tartaglia Breffano matematico.

O

ORatio Somachino Bolognefe pittore.

Ottauio Semino Genouefe pittore.

P

PAcuuio Poeta antico pittore.

Panfilo Macedone pittore, & maeftro d'Apelle, & di
melantio.

Paolo Caliari Veronefe pittore.

Paolo Camillo Landriano milanefe pittore.

Parrafio Efefio pittore.

Paris Bordone Vicentino pittore.   (tetto.

Pellegrino Pellegrini da Valfoldo da mira pittore, & archi

Perino del Vaga fiorentino pittore.

                                                   Picea

Canzon

Canzon del Sig. Francesco Gallarato All'Auttore.

POtè vn figliuol d'Apollo,
  Con arte non più mai al mondo vdita
I corpi spenti ritornare in vita.
Cantando il saggio Orfeo,
Pur d'Apollo figliuol, spesso si feo
Co'l suon de' dolci accenti
Le piante, i fiumi, e gli animali intenti.
Tù non come costoro
  D'vn solo honor contento, qual nouello
Eccellente Esculapio, co'l pennello
Mille di vita priui,
Mirabilmente ritornati viui:
E poi co'l dolce canto
Ad Orfeo ritogliesti il pregio e'l vanto.
Ma figlio vnqua non hebbe
  Febo (saluo colui che troppo ardito
In Pò dal cielo andò à cader ferito)
Che del carro, e de' feri
Veloci infaticabili destrieri,
Che la diurna luce
Portano al mondo, ardisse farsi Duce.
E tù di luce priuo
  (Mirabil caso, e degno di stupore)
Vago del terzo, e più sublime honore,
Anco il padre imitando
Dà vna parte del mondo al altro andando,
Quasi a Febo secondo,
Apporti chiara luce à tutto il mondo.
O tre volte beato,
  O di tre qualità diuine ornato,
Tu Esculapio, tù Orfeo, tu Febo, à morti
Dai vita, canti, e luce al mondo apporti.

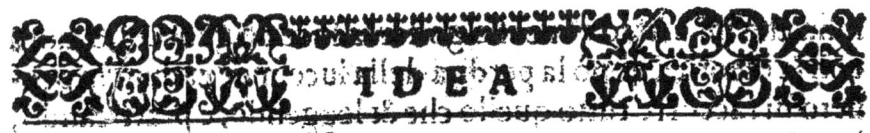

IDEA

DEL TEMPIO DELLA PITTVRA
DI GIO. PAOLO LOMAZZO PITTORE,

NELLA QVALE EGLI DISCORRE
dell'origine, & fondamento delle cose contenute nel suo trattato dell'arte della pittura.

Proemio al Lettore. Cap. 1.

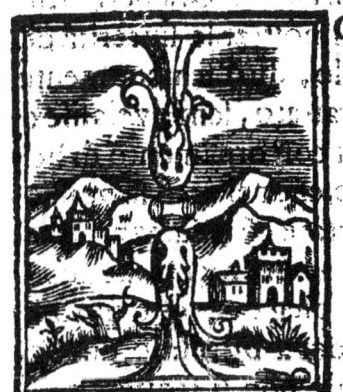

O hò deliberato di trattar in queste carte della nobilissima arte della pittura, & andar formando di lei, come vn tempio; in cui tutte le parti d'essa si vederanno distintamente; e con ordine disposte. Nè di più bella, ò più nobile materia stimo io che possa ragionarsi, poi che la pittura è quella, con cui il grande Iddio abbellì, & ornò nò solo l'vniuerso, ma anco il picciolo mondo, che creò à sembianza sua, colorando i cieli, le stelle, il Sole, la circonferenza della terra, l'acque, e tutti gli estremi de gli elementi, co' vaghi, & leggiadri colori elementari: E consequentemente la pittura è stato vno mezzo altissimo che Iddio hà scielto fra tutti gli altri, per dimostrar all'huomo la gloria, & onnipotenza sua, & farlo partecipe di tutto il più bello, & buono ch'egli già mai creasse. A quest'arte essendomi io applicato infin da fanciullo, & in lei continuamente essercitatomi, hora riducendo in prattica quanto dalla theorica, & dalla contemplation di essa mi era posto inanzi,

Pittura arte nobilissima.

Auttore, & sua inclinatione.

B   infin

& d'arte folamente per prattica operano, i quali affaticatifi
per molti, & molti anni, all'ultimo niente migliori che prima
mà vi è più che mai rozzi, fanno figure di niun valore, & pregio. Mà all'incontro coloro che d'alcuni di quefti generi hanno poffeduta la fcienza, in quel genere fono ftati eccellēti più
che ne gl'altri, fi come trattando de i gouernatori di ciafcuno,
fi dimoftra poi con gli effempi. Imperoche queft'arte è fempre ftata molto varia nelle fue parti, mà difgiunte, & incōpo-
fte, che non fi può negare che ella non haueffe in ogni tempo i
**Pittura altre vol-
te con le membra,
& parti fue di-
ftrate.**
fuoi membri, mà s'hà d'ammettere anco che eglino nō erano
infieme raccolti, nè compofti, fi che poteua dirfi che tutta l'arte vi era sì, mà diftratta in parti, poi che ella non fi poteua vnitamente godere, nè dimoftrare nō effendo tutte le parti di lei
vnitamente conofciute. Il che d'ogni cofa auuiene che fenzà
la congiuntione, & collegamento de i fuoi membri, ò parti
che vogliamo chiamarle, non fi può dire che ella fia, nè alcuna cofa è per lei fola, mà per le parti che la formano. Quefta
compofitione, & collegamento de tutti i membri nella pittura, fi vedrà per ordine in quefto trattato, infieme cō vn difcor-
**Argomento di
ciafcun libro.**
fo delle forze, & natura di ciafcuno. E nel primo libro fi tratterà della defcrittione, preparatione, & dottrina vniuerfale,
percioche vi fi fauellerà fōmmariamente di tutte le parti della pittura, delle quali fe ne ragiona particolarmente di ciafcuna in ciafcun libro, che fono fette, dinque fpettanti alla theorica, & due alla pratica. Le theoriche fono la proportione, il
moto, il colore il lume, & la profpettiua, percioche ogn'un sà
**Parti cinq; del-
la Pittura concor
renti in ciafcuna
cofa.**
che non fi può rapprefentare figura alcuna, che quefte cinque
parti non vi concorrano tutte infieme, poi che non fi può dare proportione, fenza la profpettiua, ne darli moto, fenza il colore che'l tutto rapprefenti, e fenza il lume diftribuito à lochi
fuoi, & cofi tutte cinq; theoricamente entrano à vn tratto nella pitura. Le altre due fono, vna la pratica, che infegna metter
in atto le fudette parti, & fituarle tutte à lochi loro, e finalmen
te

te à comporre tutto quello che nella mente humana può cadere, & l'altra è la forma con cui si mostra à rappresentare
quanto può sottoporsi al senso de gl'occhi humani, cominciando infin da Dio, e scendendo giù sino all'abisso, onde i pit
tori senza faticha troueranno raccolto tutto ciò che essi con
lungo tempo, & istudio non hauerebbero forsi ritrouato ne i
libri, ò nelle pitture altrui. E queste saranno le parti circolari, Fabricha del té-
pio della pittura.
che formano tutto il nostro tempio della pittura, come sette
pareti; collocando le prime cinque nel più basso, & le seconde due nel cielo, cioè la prattica nella inferiore, e la forma nel
la superiore parte di quello, in cui tutta la pittura intiera, &
vaga co' suoi membri insieme composti, ogniuno potrà scorgere, che tratto da ardente desiderio della cognitione di lei,
lo considerarà, & con diligenza anderà notando à parte à par
te tutta la struttura. E vedrà con diletto, senza alcuna fatica
sua, quello che io, se non con lunghissimo tempo, e con fati-
cosa, ne mai intermessa osseruatione, volando à guisa d'ape Diligenza, & fa-
tica dell'autore in
comporre quest'-
opera.
sollecita, & industriosa, intorno à tutte le più lodate opere di
pitture, e à tutti i libri doue io congetturassi poterfi trouare alcuna cosa appartenente all'arte, hò potuto raccogliere, & rappresentare in questo Tempio à gli occhi altrui. E vedrà insieme con quanta candidezza, senza inuidiare le lode douute altrui, io hò fatto mentione di tutti quelli che hanno dato lume
à quest'arte, & in qual parte ciascuno ha hauuto maggior pregio, & eccellenza. Con la qual candidezza desidero parimente che siano lette, & giudicate queste mie fatiche, non
frodandole di quella poca lode, la quale io sò che sola gli si
debbe, cioè di diligenza, & di desiderio di giouare con tutte le forze mie, à gli amatori della pittura.

& d'arte solamente per prattica operano, i quali affaticatisi per molti, & molti anni, all'ultimo niente migliori che prima mà vi è più che mai rozzi, fanno figure di niun valore, & pregio. Mà all'incontro coloro che d'alcuni di questi generi hanno posseduta la scienza, in quel genere sono stati eccelléti più che ne gl'altri, si come trattando de i gouernatori di ciascuno, si dimostra poi cogli essempi. Imperoche quest'arte è sempre stata molto varia nelle sue parti, mà disgiunte, & incóposte, che non si può negare che ella non hauesse in ogni tempo i

Pittura altre volte con le membra, & parti sue distrate.

suoi membri, mà s'hà d'ammettere anco che eglino nó erano insieme raccolti, nè composti, si che poteua dirsi che tutta l'arte vi era sì, mà distratta in parti, poi che ella non si poteua vnitamente godere, nè dimostrare nó essendo tutte le parti di lei vnitamente conosciute. Il che d'ogni cosa auuiene che senza la congiuntione, & collegamento de i suoi membri, ò parti che vogliamo chiamarle, non si può dire che ella sia, nè alcuna cosa è per lei sola, mà per le parti che la formano. Questa compositione, & collegamento de tutti i membri nella pittura, si vedrà per ordine in questo trattato, insieme có vn discor-

Argomento di ciascun libro.

so delle forze, & natura di ciascuno. E nel primo libro si tratterà della descrittione, preparatione, & dottrina vniuersale, percioche vi si fauellerà sómmariamente di tutte le parti della pittura, delle quali se ne ragiona particolarmente di ciascuna in ciascun libro, che sono sette, dinque spettanti alla theorica, & due alla pratica. Le theoriche sono la proportione, il moto, il colore il lume, & la prospettiua, percioche ogn'un sà

Parti cinq; della Pittura concorrenti in ciascuna cosa.

che non si può rappresentare figura alcuna, che queste cinque parti non vi concorrano tutte insieme, poi che non si può dare proportione, senza la prospettiua, ne darli moto, senza il colore che'l tutto rappresenti, e senza il lume distribuito à lochi suoi, & cosi tutte cinq; theoricamente entrano à vn tratto nella pittura. Le altre due sono, vna la pratica, che insegna metter in atto le sudette parti, & situarle tutte à lochi lóto, e finalmen-

te

te à comporre tutto quello che nella mente humana può cadere, & l'altra è la forma con cui si mostra à rappresentare
quanto può sottoporsi al senso de gl'occhi humani, cominciando infin da Dio, e scendendo giù sino all'abisso, onde i pit
tori senza faticha troueranno raccolto tutto ciò che essi con
lungo tempo, & istudio non hauerebbero forsi ritrouato ne i
libri, ò nelle pitture altrui. E queste saranno le parti circolari, Fabricha del tépio della pittura.
che formano tutto il nostro tempio della pittura, come sette
pareti; collocando le prime cinque nel più basso, & le seconde due nel cielo, cioè la prattica nella inferiore, e la forma nel
la superiore parte di quello, in cui tutta la pittura intiera, &
vaga co' suoi membri insieme composti, ogniuno potrà scorgere, che tratto da ardente desiderio della cognitione di lei,
lo considerarà, & con diligenza anderà notando à parte à par
te tutta la struttura. E vedrà con diletto, senza alcuna fatica Diligenza, & fa
tica dell'autore in
comporre quest'-
opera.
sua, quello che io, se non con lunghissimo tempo, e con fati-
cosa, ne mai intermessa osseruatione, volando à guisa d'ape
sollecita, & industriosa, intorno à tutte le più lodate opere di
pitture, e à tutti i libri doue io congetturassi potersi trouare alcuna cosa appartenente all'arte, hò potuto raccogliere, & rappresentare in questo Tempio à gli occhi altrui. E vedrà insieme con quanta candidezza, senza inuidiare le lode douute altrui, io hò fatto mentione di tutti quelli che hanno dato lume
à quest'arte, & in qual parte ciascuno ha hauuto maggior pregio, & eccellenza. Con la qual candidezza desidero parimente che siano lette, & giudicate queste mie fatiche, non
frodandole di quella poca lode, la quale io sò che sola gli si
debbe, cioè di diligenza, & di desiderio di giouare con tutte le forze mie, à gli amatori della pittura.

De la forza de l'instituione dell'arte, & della diuersità de i genij. Cap. 2.

LA difficoltà grandissima che nell'arte della pittura si troua, e particolarmente nella prima introduttione, è causa che ella è molto meno intesa, che forsi non sarebbe, se ella nel principio non ci si rappresentasse così difficile; e pur così necessaria è la cognitione di lei, che è come lo spirito, & l'anima della prattica, talmente che senza lei, non è possibile che la prattica lodeuolmente ci riesca. Imperoche l'una con l'altra hà d'hauer quella conuenienza che hà l'anima col corpo, perche da lei ne risultano poi effetti tali, che à chiunque li vede, paiono marauiglie. Et è certissima cosa, che la prattica tanto più si fà perfetta, quanto più è regolata dall'arte. Anzi ella nell'estremità del suo rappresentare, altro pur non è che vna occupatione di spatio, necessariamente introdotto, sotto la regola, & accompagnamento della scienza, & per lei si viene ad aguzzar in modo, & affinare il giuditio, che sicuramente può dirsi, la natura istessa non poter ridurre à tanta eccellenza, e bellezza vn soggetto, nè far che renda tanto diletto, ci conduca più vicino alla consideratione della mirabile fabrica prima instituita da Dio, facendoci veder in lui, per le parti armonicamente composte insieme, l'eccellenza sua, in quella guisa che si vede nell'huomo. Il quale hauendo in se tutte le conuenienze, & proportioni del mondo, più bello, & ben fatto appare, & di maggior marauiglia à gli occhi nostri, che l'istesso mondo. Imperoche habbiamo per risoluto, che quanto più le cose si tirano, proportionatamente cō regolato giudicio, fuggendo la superflua quantità, & la grossa dilatatione, tanto più perfette, & eccellenti riescono, e maggior diletto à riguardanti apportano. Il che chi desidera di veder nella pittura, miri l'opere finite, (benche siano poche) di Lionar-

do

Difficoltà della pittura massime nella prima sua introduttione.

Huomo è di maggior marauiglia che l'istesso mondo.

Opere finite di Lionardo Vinci.

do Vinci, come la Leda ignuda, & il ritratto di Mona Lisa Na
poletana, che sono nella fontana di Beleo in Francia, e conoscerà quanto l'arte superi, & quanto sia più potente in tirare
à se gli occhi de gli intendenti, che l'istessa natura. Il vedrà parimente nelle opere de gli altri gouernatori dell'arte, come si
anderà dicendo poi; & auertirà insieme, varie essere le eccellenze secondo i vari genij che ciascuno hà sortito, i quali tanto più operano in noi, & ci conducono à maggior grado di
perfettione, quanto più li sapiamo conoscere, & secondando-
gli aggiungerui l'arte, & l'institution conforme. Di qui è per
dirne il vero, che essendo ciò male ageuole à conoscere, la
maggior parte nò intendendo la dispositione, il genio, & la inclinatione sua, sono tàto lontani dall'acquistarsi alcuna lode,
benche del tutto siano dediti alla pittura, & in essa facciano
quelle fatiche che si possano far maggiori, la doue chi conosce
il suo genio, è quello segue, facilmente aggiunge al colmo
dell'eccellenza, in quella parte doue egli è inclinato, come si
è veduto in Rafaello Sancio. Il quale perciò in così poco tempo, fece quello, che alcun'altro nel corso di molti e molti anni, non haueua fatto giamai, come che fosse però vniuersale
in tutte le altre parti, si che di anni trenta sette finì la vita, giunto à sì alto segno, che à più sublime non poteua poggiare. Co-
nobbelo anco Polidoro da Carauaggio, con occhio sì acuto,
che di vinti anni ch'egli haueua quando si pose ad apprendere la pittura, in quattro ò cinque anni superò di forza di disegno, d'inuentione, & in tutte le parti del chiaro, & scuro, vniuersale, qualonque era stato de gli antichi, & de moderni pittori Onde hauendo prima ripiena, & adorna tutta Roma, & il
regno di Napoli di miracolose opere nelle facciate, essendo
appena giunto all'età di 44. anni fu vcciso. Il seppero in parte conoscere altresi Camillo Boccacino, Cesare de Sesto, &
altri lodati artefici, i quali scorto il genio, & la natura sua, do-
ne gli spigneua infin da giouani in quello sono cresciuti, & in
quello

B 4

Genij diuersi de i pittori, e secondo quelli diuerse in loro l'eccellenze.

Cognitione del proprio genio dif-ficile.

Rafaello, & suo Genio.

Polidoro, & suo Genio.

Pittori eccellenti per hauer cono-sciuto, & seguito la natural loro di-spositione.

quello si sono attenuti fino alla morte, mà quelli che seguitolo prima ne i loro giouenili anni, & poi abbandonatolo, si sono dati solo all'imitatione de gli altri, diuersi dal genio loro, operando solamente per forza d'arte, doue prima faceuano cose degnissime di lode, perduta la prima maniera, & datisi ad vn'altra, sono iti di tempo in tempo facendo peggio. E di quelli molti se ne potrebbero nominare, & de i passati, & de' presenti. Ne sia chi dica ciò auuenire per l'auaritia de i Principi, ò per la necessità del più de i pittori, che gli constringe à seguire quella via in operando che è più spedita, & di minor fatica. Percioche essi stentauo più mentre che riuolti tutti ad imitar altri, niente intendendo il genio proprio, onde nasce tutta la facilità, & la gratia del operare, non sanno mai leuar la mano dalla tauola, nè mai trouano il fine di polire le opere, che all'vltimo gli riescono senza alcuna forza, come ci ben il prouano, & se n'auegono. All'incontro si ritrouano molti che in giouentù per assai che si fatichino, non possono mai acquistare la gratia dell'arte, & in vn tratto poi ne fanno acquisto. Questo auiene per due cose, l'vna è, perche alle volte essendo egline vn tempo caminati fuori della strada, à cui naturalmente erano inclinati, e non potendo far cosa che gli sodisfacesse, à certo tempo riuscendoli per accidente vna cosa à gusto, per esser conforme al suo particolare genio, subito si sono risentiti, come corpo che riceue il suo spirito, rischiarando l'intelletto, & le celle già turbate della mente, da i trauiaméti passati, hâno scorta, & conosciuta la timidità, & la disperation loro naturale, si che fatti accorti delle sue forze, hanno poi fatto rilucere, con marauiglia del mondo quelle doti, & virtù che già tanto tépo erano state nascoste, & come sepolte in loro facédo opere che gli hâno recato, nó pur sodisfatione, & cótento, mà lode grandissima appresso i giudiciosi. La seconda causa più potente, è perche essi conosciuto da prima il suo natural instinto, dietro à quello solo operando sempre hanno passata

tutta

tutta la giouentù, senza aggiungerui alcuno studio, nè fatica, si come faceua il Mazzolino, cui bisognaua constringere, à disegnare per forza, parendoli hauer l'arte per li capelli, & al fine morì essendosi tutto immerso nello studio de l'alchimia. Mà fatti poi più maturi, conoscendo in se il dono della diuina mente, sì per nó sprezzare il talento dato, come per trouar nel essercitarlo sommo contento, quello già per molto rempo lasciato negletto, & incolto, hanno con lo studio con la ragione, e con l'arte, limato talmente, che corispondendo la ragione alla natura, e questa à quella, elle vengono ad hauer frà se la sua debita armonia, come hebbero ne i sopradetti sette gouernatori. E cosi tutti coloro che in questa guisa aiutando la debolezza della natura, con l'arte hanno operato, sono stati eccellenti, & famosi al mondo. De i quali, tra molti altri, che alle occasioni si nominanno in molti luochi, sono stati il sopradetto Mazzolino, il Corrègio, il Sarto, Perino del Vaga, il Rosso, Maturino, Giorgione, Sebastiano del Piombo, Bernardino Louino, Marco da Siena, Giulio Romano, Pelegrino, il Tintoretto, Lorenzo Lotto, Luca Cangiaso, & altri prospetiui assai. Ecci ancora vn'altra maniera di procedere có ragione, la quale si diuide in due modi, vno è per istudio, & l'altro per imitatione, per istudio si proc   quando vno per certa apprensione cagionata per longo vso, si delibera di essercitar l'arte, & sì come con lunghezza di tempo concepì il desiderio di apprendere l'arte, cosi si diletta col mezzo dello studio, & della fatica, di adempirlo. Per il che si sforza di sapere tutte le scienze che se gli appartengono, & apprefele, sicuraméte con quelle procedendo, opera ragioneuolmente sì, mà tardi, & senza vna certa gratia, non hauendo tutta quella disposicione dalla natura, che si ricercarebbe, senza la quale, come già dissì, non si puo dar gratia alcuna alle opere. Per via d'imitatione si procede, quando vno non hauendo notitia perfetta de i termini, & precetti dell'arte, sì che con quelli possa per se stesso

Mazzolino, & suo Genio.

Pittori diuersi famosi.

Studio, & imitatione modi frà se diuersi co'quali puo pcedere il pittore.
Studio primo modo di procedere.

Imitatione secondo modo di procedere.

liberamente

liberamente operare, con l'osseruar solamente le cose d'altri, & rapresentarsele inanzi. Segue la maniera di alcuni pittori eccellenti, quali furono Daniello da Volterra, & Sebastiano del Piòbo dietro à Michel Angelo, Bernardo Soiaro, Giulio Cāpi, & Hercole Porcacino, dietro ad Antonio da Corregio, & altri dietro alle maniere de gli altri gouernatori dell'arte: che troppo lungo sarebbe à nominare. Ma di questi se ne trouano anco di vna altra sorte, i quali di men purgato spirito, & d'ingegno più ottuso, fino à certa età fanno alcuna cosa assai buona, per forza di fatiche d'altri, che stanno ad accozzare in sieme, non conoscendo però la bontà loro, mà sprezzandole, come gente di corta vista, & d'imperfetto giudicio, Mà poi scemandosi naturalmente le forze del corpo, e però non potendo più durar fatica, diuengono à vn tempo, & vecchi perdute le forze, & ignoranti, perduto in consequenza la facoltà di poter più imita e, si che morendo senza alcun nome, vengono à render più celebre quell'altra sorte di pittori i quali dotati dalla natura, & instrutti dall'arte, benche in lor māchino le forze del corpo, che seruono alla prattica grossa, e priua d'arte, nó però possano mai perdere la bellezza dello spirito, & la sottighezza del giudicio che serue all'arte, & alla pratica sottile regolata dalla theorica. Però à questo ogniuno bene auertisca, e desideri da Iddio che gliela mādi buona, che altrimēti per quāte fatiche si prenderà, mai nó sia possibile ch'egli faccia oncia di buono, senza la cognitione de i precetti, & regole dell'arte, che io mi sono affaticato di raccorre più esattamente c'hò potuto in questo libro. Mà vna cosa è degna d'essere auertita, che tra quelli, che & hanno saputo conoscere il natural sùo talento, & l hanno poi con diligente, & continuo studio coltiuato, se ben con la sicura scorta dell'arte appresa, sono peruenuti al colmo dell'eccellenza, nondimeno in alcuno, non si scorge vna medesima maniera, mà varie tutte, & stà se, l'une dall'altre differenti. Il che non d'altronde nasce, che

che

Imitatori di maniere altrui eccellentissimi.

Pittori di pessima condicione.

Giudicio, & Ingegno non scema per età.

Maniere diuerse nate dalla diuersità de i genij.

che dalla diuerfità delle maniere, e delle difpofitioni, le quali conofcendo ciafcuno in fe fteffo, & à quelle accòmodando l'in ftitutione, fanno sì, che in vna ifteffa arte fi vedono huomini eccellentiffimi tutti, mà frà fe però diffomiglianti, & quali in vna quale in altra parte ecccellente, fi come ogniun può auertire, maffime ne i fette lumi dell'arte. I quali nelle loro maniere fono tutti diffimili frà fe, mà tali che in quella parte, cui da natura fono ftati inclinati, & à cui hanno drizzato l'arte, & induftria loro, non è chi poffa maggior eccellenza difiderare. Anzi fono eglino à cofì alto fegno poggiati, che hanno tolto ogni fperanza ad altri di potere mai in quel genere aggiungerli. L'ifteffo fi può offeruar ne gli'antichi, perciò che in Apelle era genio di grandezza, & venuftà della quale egli fteffo foleua molto gloriarfi, anco che confeffaffe che in altre cofe, à molti cedeua. In Anfione era di collocar con grandezza le fue figure, in Protogine grandiffima maeftria, In Afclepidoro l'arte di fituar le figure fecondo il noftro vedere, In Parrafio di nafcondere le linee de i contorni, per dimoftrare maggior grandezza nelle figure; In Ariftide di collocar tutti i moti, & affetti, & in Timante, demoftrare pietà, & religione. Ne folamente nella pittura quefte diuerfità di genij fi comprende, mà anco nella fcoltura, & in tutte le arti difcendenti da loro, come chiaramente lo ci da à vedere la tanta varietà de gli architetti, & il loro diuerfo modo di operare. Effendo adunque di tanto momento, che'l pittore, e qualùque altro artefice conofca il fuo genio, e doue più l'inclini l'attitudine e difpofition fua d'operar più facilmente, & felicemente, per vn modo che per vn altro, hà da porre ogniuno in ciò fomma diligenza, & conofciutolo, deue darfi ad imitar la maniera di quelli che fe gli còformano, guardandofi con molta cautela, di non inciampare nelle contrarie. Perciò che di qui nafce, che molti fono reftati, & reftano confufi, perdendo quel poco di buono che dalla natura haueuano, la doue chi sà giudiciofamente, con le

Antichi pittori, & fuoi genij.

Imitatione hà da còformarfi alla attitudine naturale.

doti

doti naturali congiungere lo studio, & l'imitatione conforme apprendendo quelle discipline che sono necessarie à questa arte, delle quali si è discorso à pieno ne i libri della pittura, in breue tempo acquista chiara fama tra i più lodati, & famosi.

De la necessità de la discretione. Cap. 5.

ANcora che molti non senza scienza, & pratica, habbino conseguito nella pittura, tutte le cose desiderate da loro, non però perfettamente l'hanno potuto conseguire, senza l'aiuto de la discretione, cioè senza la preparatione, & ordinatione di lei nel tutto. Imperoche per lei sola possiamo conoscere fin dalle viscere chiaramente ciò che facciamo, e da questa cognitione ne risulta poi la purità dell'ingegno, & la stabilità del giudicio, & finalmente la vera, & ragioneuol via di operare. Nella qual essercitandoci vegniamo ad intendere quanto importi la podestà che habbiamo di conoscere noi medesimi, & appresso quanta sia l'auttorità, & grandezza che è nella perfetione dell'arte, potendosi dalle parti del animo, concesseci da Iddio fare scaturire la bellezza, & profondità delle Idee colà peruenute per dritti canali, da la suprema Idea, la quale tanto più chiaramente ci si rapresenta quanto noi più purgati, & mondi penetriamo alle stanze sue, sgombre dalle tenebre oscure dall'ignoranza. Questa discretione è quella che sola al pittore acquista la lode, e la gloria, quādo egli n'hà perfetta cognitione, & in operando se ne vale. Per il contrario senza lei non è possibile, che egli non pur lodata cosa faccia, con quanta scienza, & arte possegga, mà che gli riesca dalle mani già mai opera alcuna in cui non si vegga qualche disordine. E quanto più, ò meno, di questa si possede, tanto più ò meno di errore corre nell'opere. Onde si vede manifesto quant'ella sia di necessità, perche è quasi come il fondamēto,

                                             & il

Discretione, & vtilità sue.

Discretione nō intesa quanto mā le apporti.

& il fine dell'arte,& non ad vna, ò più parti di lei riguarda, ma vniuerfalmente à tutta. Et poi fi come Sole che tutte le parti dell'emisfero, in vn punto illuftra,& con la iuce,& caldo fuo, fa rendere alla terra fiori,& frutti; fà rifplender tutta l'opra in ogni fua parte,& falla rendere all'artefice honore,& vtile gran diffimo. Si che in quefta hà egli da porre tutto lo sforzo della cura,& iftudio fuo, il quale quando ben in tutte l'altre parti, tralafciando lei, fi collocaffe, tornarebbe vano, & niun frutto produrebbe. Quefta di più, ci torna, & rapprefenta alla memoria l'opre lodate,& eccellenti dell'arte,onde veniamo non folamente à ritrarne il modo dell'imitare ; mà anco anco del. l'inuentare le cofe,& i foggetti delle noftre pitture, & con tal rapprefentatione fi accende maggiormente in noi il defiderio d'operare,& di dare all'opere noftre quella maggior eccellenza,che poffa darfi con tutta l'arte, & co'l maggior sforzo dell'ingegno humano : in quella guifa appunto che i foldati, ancor che habbino l'arte defcritta della guerra, nondimeno leggendo i gloriofi fatti che in effa hanno adoperato Cefare, Scipione,& Annibale, diuégono più accefi,& di combattere,& di far imprefe gloriofe: come faceua Aleffandro per Achille, & Cefare per la ftatua che vide di Aleffandro in Egitto. Appreffo ella dimoftra la cagione perche,& il fine à che foffe quefta arte ritrouata, ci fà conofcere la dignità,& potenza fua, ci infegna in ch'ella confifta, di quai parti fi componga, con che ragion diuifa, & come cialcun che in lei vuole effercitarfi con lode, neceffariamente hà d'effere inftrutto della cognition di tutte. Perciche elle fono à guifa d'anime inuifibili, che rifguardando i corpi vifibili, gli dà luce, & cognitione, onde tutti coloro che folamente con certa prattica fneruata operano, fudino pure quanto vogliono, & s'affannino, che già mai non potrāno fenza l'aiuto di quefta ottener la palma dell'arte, fi come l'hanno ottenuto, per nó dir degli antichi que' moderni de' quali in diuerfi luochi fi fà mentione, mentre che con gli
effempi

Difcretione, & & altri fuoi offetti vtiliffimi.

Prattica fenza theorica inutile.

Perfettione del-
l'arte della pittura
onde sia procedu-
ta.

essempi dell'opere loro, si vanno dichiarando, & confer mando i precetti, & l'auertenze, ch'intorno à queste arti sono notati, per essere eglino stati quelli, che riguardando di continuo in questa, & accompagnando con la vera scienza, l'ordinata prattica, hanno ridotta la pittura tanto inanzi, ch'io dubito che non solamente alcun non sia gia mai per inalzarla più, mà ne anco per mantenerla in quel colmo, anzi ch'ella sia per declinare, & ritornar indietro qualche grado. Cosa che non però auiene, perche che à nostri tempi non vi siano ingegni così felici, come in altri tempi, & nature così toleranti della fatica, & dello studio, che è necessario in ogni disciplina, mà per la mala conditione della presente età, quale hà da sè così sbandita ogni virtù, che i buoni ingegni vedendo la poca stima in che s'hanno gli huomini virtuosi, & la piccola merce de delle fatiche ch'è loro proposta, s'intepidiscono, e non pongono quello studio, & fatica nelle opere, senza cui non è possibile riuscir à grado d'eccellenza. Quindi è, che di tanto maggior lode sono degni coloro, se ve ne hà però alcuno, che in vn secolo così corrotto, non rimettendo punto dell'ardore, nè dell'industria, sono diuenuti eccellenti nell'arti, alla profession di cui si sono dati.

Moderni pittori
perche men eccel
lenti de i passati.

Degli scrittori dell'arte antichi, & moderni
Cap. 4.

NON è stato alcuno tra gli antichi, ò moderni, c'habbi scritto, ò trattato di quest'arte lodeuolmente, che non sia stato anco eccellente in essercitarla, se ben non può però negarsi, che alcuni nō si trouino anco, i quali come che siano ignoranti, ò almeno poco intendenti di lei non pur in prattica, mà anco nell'istessa theorica ardiscono di far discorsi, & dialogi nel capo loro. Mà parlando de i primi, i quali han-

Scrittori dell'ar-
te della pittura ec
cellenti anco in
operarla.

Biasimo di que'
pittori che essendo
ignoranti dell'ar-
olano di scriuere.

no

no saputo & pratticarla, & insegnarla altrui col suo dire, fra tutti i più antichi, si fà mentione di Policleto celebratissimo scoltore, il quale espresse in vn suo Idolo, tutte le proportioni, & misure, che poteuano seruire à tutte le figure di qualunque forma essere si vogliano, onde hauessero à prendere la norma, & regola di ragioneuolmente operare tutti li pittori, & scoltori che erano à suo tempo, & sarebbero stati poi. De le qual proportioni io ne hò discorso à lungo nel primo, & nel sesto del mio seguente trattato. Doppo lui, si legge che scrissero dell'arte, Menechino, & il grãde scoltore Lisippo, il quale frà gli altri scolpì maggiore assai del naturale, Alessandro Macedone ferito, di cui hora si trouano solamente alcune reliquie, come parte del busto, del braccio, & della testa. In questa statoua egli espresse con singolar magistero la gran concauità de gli occhi, la quadratura del naso, & di tutti gli altri membri, con somma armonia, & consonanza frà di loro, le quali quadrature hanno poi imitato i moderni, Polidoro, Michel Angelo, & Raffaello, per abbellire la nostra maniera moderna al pari della antica. Et ciò con grandissimo giuditio, poscia che oltra l'eccellenza di tutte le parti di questa statua, la testa particolarmente è stimata da gl'intendenti dell'arte la più rara, & artificiosa che hora si ritroui al mondo. Scrisse Lisippo in vn suo trattato, la via di osseruare le quadrature de i mébri de i corpi, & di fare le braccia, & le mani lunghi, i piedi, & la testa picciola, che da gli altri stati inanzi lui, era fatta grossa si come il naturale, & cotal picciolezza è stata riputata da i più grandi artefici, la più bella inuentione che sia mai stata ritrouata. Apresso à questi trouasi che Prassitele scrisse in cinque volumi, delle nobili opere di pittura, scoltura, & statuaria di tutto il mondo, Et Eufranore Isthmio, de i colori; Ne scrissero parimente Antigone, Senocrate si come dice Diogene Laertio, essaltando sopra tutti il Principe dell'arte, disceso da Apolline, & da Hercole, Parrasio Efesio, che

Idolo di Policleto, & sue proportioni.

Statoua di Lisippo.

Quadrature antiche imitate da moderni.

Trattato di quadrature scritto da Lisippo.

Testa picciola stimata belissima inuentione.
Prassitele, & suoi scritti.
Antichi scrittori dell'arte della Pittura.

Simmetria, & altre parti ritrouate da Parrasio.

che fù il primo à ritrouar la simmetria nella pittura, le argutie del volto, l'eleganze del capello, la venustà della bocca, & finalmente l'arte di leuar i dintorni delle figure, co i colori, che dianzi non erano conosciuti. Scrissene anco l'vnico, & famoso Apelle, facendone vn copioso trattato, che fù commentato da Demetrio filosofo, ma niuno di quelli, è peruento alle mani nostre, per l'ingiurie de i tempi. Solamente l'opere dell'antichissimo Ottico, & Matematico Azel Arabo ci si sono conseruate, le quali Vitellione commentò, aggiungendo à i sette di lui, tre altri suoi libri. Vitruuio medesimamente nella sua architettura, hà trattato di quest'arte, descriuendo nel terzo tutta la simmetria del corpo humano, dalla quale tutti gli ordini dell'architettura deriuano, & con lui il Matematico che visse ancor egli ne i tempi d'Augusto, il qual scrisse de l'ottica. Finalmente ne hanno scritto Euclide, Archimede, il Greco Gemino, & altri Matematici, de i quali ne parlo in altri luochi del mio trattato, i quali furono sino à i tempi del Magno Constantino. Perche dall'hora in quà, sin al tempo di Michel Angelo Buonarroti, tutte l'arti giacquero come sepolte. Cominciarono poi à risorgere, & nell'arte nostra fù il primo Donato, cognominato Bramante, da Castel Durante, il quale desigò gli ordini, & le misure delle antichità di Roma, delle quali se ne rirroua gran parte in diuersi luochi disegnati à mano. Da lui furono rirrouate le quadrature del corpo humano, che è stata vna inuentione rara, & mirabile al mondo, & fù parimente trouatore delle quadrature delle membra del cauallo, delle quali se ne faceuano commodamente i modelli di ciò che si volea, & questi furono poi da lui dati à Rafaello di Vrbino suo parente, & vsati da Gaudentio, & da altri huomini eccellenti. Fiorì doppò lui, Bartolomeo detto Bramantino Milanese, suo discepolo, il qual compose diuersi libri d'antichità, con bellissima via, & ragione; Vincenzo Foppa, che scrisse delle quadrature de membri

bri

Apelle scrisse copiosamente della pittura.

Azel Arabo Ottico, & Matematico cómentato da Vitellione.

Vitruuio scrittor d'architettura.

Ordini d'architettura deriuati dalla simmetria di corpo humano.

Ottica, & geometria trattata da diuersi auttori.

Bramante primo dissegnatore de l'antichità.

Quadrature del corpo humano ritrouate da Bramante.

Quadrature del cauallo ritrouate da Vicenzo Foppa.

bri del corpo humano, & del cauallo, delle quali ne fù anco inuentore . Baldaſſar Petrucci Saneſe auttore di quella gran diſſima opera, che è ſtata data fuora ſotto altrui nome, intito lata i cinque libri d'architettura di Sebaſtiano Serlio, & Andrea Mantegna, c'hà fatto alcuni diſegni di proſpettiua, doue hà delineato le figure poſte ſecondo il ſuo occhio, delle quali io ne hò veduto alcune di ſua mano, con ſuoi auertimenti in ſcritto appreſſo Andrea Gallarato grande imitatore di queſt' arte . Quaſi nell'iſteſſi tempi fù Bernardo Zenale, che ſcriſſe vn trattato di proſpettiua ad vn ſuo figliuolo, l'anno della peſte del 1524. & del modo di edificar caſe, templi, & altri edeficij. Il Butinone anch'egli ne fece vn libro, & Marco da Siena, che ſcriſſe vn grandiſſimo volume d'Architettura . Mà ſopra à tutti queſti ſcrittori, è degno di memoria Leonardo Vinci, il qual inſegnò l'anatomia de i corpi humani, & de i caualli, ch'io hò veduta appreſſo à Franceſco Melzi, deſignata diuinamente di ſua mano. Dimoſtrò anco in figura, tutte le proportioni de i membri del corpo humano ; ſcriſſe della proſpettiua de i lumi, del modo di tirare le figure maggior del naturale, & molti altri libri, doue inſegnò quanti moti, & effetti ſi poſſano conſiderare nella Mathematica, & moſtrò l'arte del tirare i peſi con facilità, de i quali tutta l'Europa è piena, & ſono tenuti in grandiſſima ſtima da gli intendenti, perche giudicano non poterſi far di più di quello che egli hà fatto . Oltre di ciò egli ritrouò l'arte d'intornir gli ouati, che è coſa degna di molta merauiglia, la quale fù poi inſegnata da vn diſcepolo del predetto Melzi, à Dionigi fratello del Maggiore, che la eſſercita hora feliciſſimaméte. Diſegnò varie ſorti di moſini da macinare col mezo de caualli, che ſono ſparſi per tutto il mondo, inſieme con diuerſe rote di leuar ſe acque in alto, inſegnò il modo di far volar gli vccelli, andar i Leoni per forza di ruote, & fabricare animali moſtruoſi, & con tanto ingegno deſignò le faccie moſtruoſe, che niun altro

Baldaſſar Petrucci e ſua architettura.

Diſegni di proſpet tiua diuerſi .

Marco da Siena ſcrittore d'architettura.

Anotomia del Vinci ſi de i corpi humani come de i caualli.

Opere diuerſe di Lionardo Vinci.

Tornir d'ouati ri trouato dal Vinci.

C   mai

mai, come che molti siano stati in questa parte eccellenti hà potuto agguagliarlo. Ma di tante cose niune se ne ritrouano in stampa; ma solamente di mano di lui, che in buona parte sono peruenute nelle mani di Pompeo Leoni, statouaro del Catolico Rè di Spagna, che gli hebbe dal figliuolo di Francesco Melzi, & n'è venute di questi libri ancora nelle mani del S. Guido Mazenta Dottore virtuosissimo, il quale gli tiene molto cari. Et perche sarebbe lungo il nominar ad vno ad vno tutti coloro de i quali si trouano scritti, & disegni à mano, & vanno dispersi, parlando solamente di quelli che hanno dato le opere loro alla stampa, habbiamo Leon Battista Alberti, che hà scritto della prospettiua dell'architettura, & della pittura, Pomponio Gaurico, frate Luca dal Borgo, che hà trattato della diuina proportione, il Fiammingo ch'à disegnato l'anotomia di Andrea Vesalio, & il Barozzi, appellato il Campagnuolo, che hà scritto dell'architettura, oltre molti altri Italiani, che per breuità si tralasciano. Frà i Tedeschi, v'è Alberto Durero, il qual scrisse della geometria, della architettura, della prospettiua, & della simmetria del corpo humano, Isibel Peum, che disegnò i caualli da tirar in prospettiua, & un altro Tedesco, che fece i segni da tirar in prospettiua, ciò che si uuole, & in somma molti altri, i quali in diuersi luoghi, di questo libro più opportunamente si nominano. Sono diuersi i commentatori di Vitrunio, come Cesare Cesariani, il Gomasco, & il Patriarca d'Acquileia, di cui uien in luce la prospettiua. Habbiamo oltra di questi il disegno del Doni, il dialogo del Dolce, la pittura del Biondo, e quela di Paolo Pino, & le dispute della pittura, & scoltura di Benedetto Varchi, a cui scrisse Michel Angelo, che si doueua far tra loro una buona pace, perche a far le figure andaua manco tempo che à disputare, & perche elle erano ambedue una medesima cosa, & à uno istesso fine rendeuano, come che per vie diuerse. De i più moderni, e degni di maggior

gior lode, i quali hanno scritto di quest'arte, lasciandone molti, che sarebbe troppo lungo catalogo, è stato Georgio Vasari pittore Aretino, il quale hà scritto la vita de i pittori, Scultori, & de gl'Architetti, cominciando da Cimabue, & scendendo giù fino à quelli del suo tempo: benche egli hà principalmente scritto de gl'Italiani, e massime de i Toscani. Per il che con ragione Michel Angelo in un suo sonetto, che si legge nella vita di lui descritta da esso Vasari, gli rese le lodi di che egli haueua ornato i pittori Toscani. Et se ben non può negarsi, che in ciò egli non si dimostrasse alquanto partigiano, nondimeno non si deue defraudar della meritata gloria, che di lui garriscano alcuni, ò ignoranti, ò inuidiosi, poi che se non con lunghe vigilie, & fatiche, ne senza grande ingegno, & giuditio si è potuto ordire così bella, & diligente historia. Ne perche egli non habbia lodato con sì piena mano Camillo Boccacino, come hà fatto Bernardino Campi nella vita ch'egli hà di lui scritta, hà meritato da esser tassato da maligno, e da inuidioso. Ma non è possibile che chi scriue sodisfaccia uniuersalmente à tutti, & rare uolte auuiene, che da tutti riporti ugualmente l'aspettato premio delle sue fatiche. Ne io dubito punto, che anco à me non sia per auuenire il medesimo, e che molti lacereranno queste mie fatiche, tanto più quanto ch'elle non meritano d'esser commendate per altro, che per lo solo studio ch'io ui hò posto, & per il buon fine il quale mi son proposto, cioè del giouamento altrui, & non della lode propria.

Vite de Pittori Scultori, & Architetti.

Scriuere con sodisfation vniuersal di tutti cosa difficilissima.

Fine dell'autore in quest'opera.

Come possano i Pittori rappresentar tutte le cose. *Cap. 5.*

VEdendo gl'antichi, che la Natura era dimostratrice di tutte le forme delle cose create, & che ciascuna cosa da se dimostraua tutto quello che si poteua desiderare di ve-

C 2   dere

dere, secondo la qualità sua ; s'imaginarono di uoler con l'arte imitarla, sì che con merauiglia de gl'huomini si uedesse, che
tanto eglino con l'ingegno , & industria loro poteuan fare,
quanto fa l'istessa natura . Et di qui uennero non solamente
ad acquistarsi honore uiuendo, ma anco morendo eterna gloria appresso gl'huomini : riempiendole menti per gl'occhi
della dolcezza delle forme, & delle bellezze naturali . Cosi
ordinarono prima i Templi, & Palazzi , con successo felice ,
facendo crescere di grado in grado quest'arte, tanto che in
progresso di tempo, peruenne al maggior colmo che arriuasse
mai alcun'altra . Perciò che gl'huomini auuertendo di tempo
in tempo, che altre scienze erano necessarie alla cognition di
lei, senza le quali era opera perduta l'affaticarsi con pensier
di riportarne alcuna lode , si diedero allo studio di quelle,
& con la scorta loro n'acquistorono la perfetta, & sicura
scienza . Et di loro se ne ragiona particolarmente nel mio
trattato della pittura, secondo quel ordine co'l qual è necessario ch'il pittor proceda in operarle, trattandosi prima di
quelle di ch'egli nel formar la figura ha prima da seruirsi, &
così fa dell'altre poi di mano in mano. Come p. essempio ; s'il
pittor uuol dipingere un Gioue perfettamente, che l'una parte all'altra seguiti , come è di necessità , inanzi a tutte le cose
deue hauer cognitione di lui , & saper ciò ch'egli è, & à che
fine vuol dipingerlo, e di ciò si discorre in questo primo libro.
Poi hà da far grado alla sua proportione , che deue esser la
principale di tutte l'altre, & alla natura di lui conueniente,
indi uenir al moto, cioè a gli atti suoi, che vogliono esser colmi di maestà , & d'ogni venerabil religione , in quanti effetti
egli si potrà giamai trouare, tirandogli tutti in prospettiua .
Dopo questo scende al colore, co'l quale venga à dintornare,
& rende la figura perfetta ; dando il suo proprio colore così
alla carne, come à gl'occhi , alla barba, à gl'habiti , & à tutto
il rimanente ; & di qui al lume d'esso colore allumando il tutto lino

ro fino all'eſtremo, con far ſcorrer i chiari dolcemente per le
ſuperficie conuenienti fra eſſe. Onde i muſcoli vengono à
parere ſoauemente ſecondo la grandezza, & compoſition loro rileuati. Et da qui hà da hauere le perdite ſue, per la proſpettiua conueniente à i raggi del vedere, ſi come ſi dirà trattando de' ſuoi moti. Apreſſo hà da paſſare alla prattica, che
inſegna à collocarlo in loco conforme à lui, & à componerli
le membra con l'attitudine, e col decoro che ſi ricerca ſopra
tutto conueniente all'hiſtoria, che vuol rappreſentare; dandogli le ſue circonſtanze, come à dir il ſuo carro, ò altro luogo, doue il pittore voglia figurar che ſi ritroui. Vltimamente
s'hà da occupar intorno alla ſua forma, la quale da notitia di
lui, co'l folgore, con l'acquila, con lo ſcettro, con le veſtimen
ta, & con le altre circonſtanze che gl'hanno date i poeti. Et con l'iſteſſa conſideratione di tutte quelle parti hà da
proceder parimente lo Scultore, fuor che à lui niente appartiene la ragion del colorare, per il che la ſcoltura in queſto
rimane inferior alla pittura; oltre che non può ancora arriuare alle perdite, & a gl'acquiſti, che rende la proſpettiua alla
pittura. Trattandoſi adunque in queſta opera di tutte le parti che ſono neceſſarie conuenientemente à queſte due arti, &
quelle che hanno dipendenza da loro, a ragion ella ſi può
chiamar una figura, che contiene in ſe tutte le figure, & una
pittura delle pitture. La quale eſſendo bene inteſa, ſi come
madre, partorirà i figliuoli ſimili à ſe, ſe ben per diuerſe uie,
contenendo in ſe come hò detto, non ſolamente precetti at-
tinenti alla pittura, mà ancora alla ſcoltura, & all'architettura,
delle quali in diuerſi luoghi ſi tratta, ſi come di quelle che ſer-
uono al diſegno, & vanno coſì unite, che perdendoſene una
tutte le altre ſi perdono. Si come per il contrario tutte accõ-
pagnate inſieme per le ſue parti, rendono come uno inſtru-
mento ben compoſto, & anco bene organizato, & atto à rappreſentare tutto quello che ſi può vedere, ò imaginare.

Forma di Gioue

Scoltura inferio
re alla pittura.

Somma di quel-
lo che ſi contiẽ
nell'opera.

C 3 Della

Della nobiltà della Pittura. Cap. 6.

DI quanta riputatione sia stata la pittura, non solamente ne gl'antichi tempi, quando tutte l'arti erano hauute in maggior prezzo, mà ancor ne'moderni, chi leggerà l'historie ne potrà rendere testimonianza. Perciò che trouerà, che sin dall'istesso Iddio ella fù adoperata nella creation del mondo, mentre ch'egli così variamente, e con tanta vaghezza colorì tutte le cose create, con l'imagine sua espressa nel primo huomo. Et passando à gli huomini leggerà che il figliuolo di Seth, per generar ne i suoi popoli una mente pia, & più benigna, ritrouò il modo di rappresentar loro le imagini, & figure nostre per mezzo della pittura, & dopo il diluuio i Babiloni di nuouo la posero in uso, essendoui quasi in quei tempi state le statue di Belo figliuolo di Nembrot, di Nino, & di Semirami, come racconta Diodoro Siculo. Il quale scriue, ch'ella nel circuito dell'una delle due Corti regali, che fece in Babilonia al ponte, il quale attrauersaua l'Eufrate fece esprimere diuersi animali, ciascuno del suo colore, che senza dubio doueuano essere infiniti, considerando che questo circuito tutto dipinto ne conteneua un'altro, che anch'egli haueua in mezo la rocca di trenta stadij di circuito. Onde si può congetturar che la pittura era forsi in maggior uso, & di più stima, che poi non è stata, come erano primieramente le statue. Imperoche si troua, che la statua dell'istessa Semirami, la qual era appresso all'horto che ella fece in Media, fù intagliata in un sasso di diecisette stadij, con cento huomini che li portauano doni. Oltre molte altre di mirabile grandezza, d'una delle quali in bronzo fà mentione Valerio Massimo, che fù drizzata in Babilonia di smisurata grandezza. Et per non andar ricordando ad una ad una tutte le celebrate statue de gl'antichi, frà quali famose sopra l'altre, furono quelle dell'antico Menone, di Simandio, e d'Arsinoe: basta

il dire

l dire, che tutte le nationi in qlle adorarono i suoi Dei, e però abbiamo da credere, che ponessero ogni loro studio, e cura er formarle co'l maggior artificio, & della più nobile, & pretiosa materia; tanto più, quanto che grandissimo era il culto, & la riuerenza nella quale haueuano ciascuno i suoi Dei, come i Damasceni Remma; gl'Amoriti Melchim; gl'Assirij Adramelech; gl'Amorei Canaam; Rhut, Selit, e Desuat. Et altri haueano alcuni Dei, che chiamauano Santi, e Ninfe, Moab, Camos, Alosili, Dagon, & altri Baal, & Astarot. Et Platon enel undecimo libro delle leggi, commandò che si honorassero le statue, & le imagini de gl'Idoli, nó per se, mà solo perche appresentauano essi Dei. Mà che diremo de gl'antichi Ebrei, i quali nó s'intendendo più di scultura, che di pittura, hebbero però l'una, & l'altra in grandissima veneratione. Onde allettarono co'l mezzo di quelle il popolo d'Israel alla contemplatione, & adoratione del Santo Tabernacolo, che per ornamento, & gouerno del culto diuino, haueuano fabricato insieme con l'arca, ornandolo di Cherubini, che lo sostentauano, di candelieri, della mensa, della propositione, dell'altaretto, de i profumi, & dell'altare del sacrificio, con tutte le fimbrie, & gl'ornamenti d'Aronne. E però con grandissima ragione diceua Trimegisto, che con la pittura era nata la religione. Oltra di ciò per li molti ornamenti, & lauori d'Icone che erano nel tempio di Salomone, è da giudicare, che tal arte fosse à quel tempo in grandissima stima, massime leggendosi, ch'egli oltre i candelieri, vasi, & altri lauori di che adornò quel tempio, ui fece porre i Cherubini in piedi, con l'ali lunghe cinque cubiti, che tutti eran d'oro. Et questo fu il più marauiglioso tempio che si troui esser mai stato fabricato al mondo. Dopo cui celebratissimo fù quello di Diana Efesia, che da tutta l'Asia in ducentoueti anni fù cópito, secondo il disegno de l'architetto, che fù secondo Plinio, Tisifone, & secondo Strabone, Archifrone, seguendo il primo

Popoli diuersi, & loro Dei.

Dei antichi honorati nelle statoue.

Israeliti allettati all'adoratione cõ la pittura, & scoltura.

Religione nata cõ la pittura.

Cherubini del tépio di Salomone.

Tempio di Diana Efesia, & chi ne furono architetti.

desiderio delle Amazone in edificarlo. Onde merita d'esser numerato per vna delle sette marauiglie del mondo, poiche la lunghezza sua era di quattro cento venticinque piedi; la larghezza di ducento venti. Le colonne erano cento ventisette, fatte fare ciascuna da un Re, & d'altezza di sessanta piedi, vna delle quali fu scolpita da Scopa, & le altre trenta cinque colonne furono scolpite con marauiglioso artificio. Ma non si possono in poco spacio rinchiudere tutti gli ornamenti, & le marauiglie che ritrouò con l'altezza del suo ingegno, per abbellire, & arricchir quel grandissimo tempio l'architetto suo, & massime le mirabili scolture, & pitture, fra le

quali era la superbissima pompa di Megabizo Sacerdote del tempio di mano d'Apelle, insieme co'l ritratto d'Alessandro Magno, nel quale si vedeua la mano co' suoi nodi, tanto rileuata, co'l folgore che ueramente pareua spiccata fuori della tauola. Lascio qui di far mentione di diuersi altri famosi templi antichi, per riseruarla à più oportuno luogo, doue si ragio na anco de i palazzi, de gl'archi, de i theatri, & de gl'orti sospesi. Basta che de i nominati, si proua chiaramente, che appresso à gl'antichi quest'arte era tenuta in grandissimo pregio, poi che con quella principalmente soleuano ornar i templi per honorar maggiormente i suoi Dei. Che à nostri tempi ella sia parimente in istima, niuno è che non sappi, vedendosi che non è chiesa che nó sia ornata di qualche nobile pittura, in ho

nor ò di Dio, ò de i Santi; benche maggior lode nó si può dar li, che dire che Christo istesso l'vsò, facédo vn ritratto del suo volto in vn'velo di Santa Veronica Vergine, & lasciando nel lenzuolo una imagine di tutto il suo corpo, così d'auanti come da dietro, che hora si ritroua apresso al Serenissimo Duca di Sauoia. Et non è chi non sappi, che san Luca fù pittore, &

intagliatore, & fece molte cose nell'una, & nell'altra, delle quali si fà mentione nel mio trattato della pittura. Leggesi ancó che Pitagora primo Filosofo l'adoperò, & Socrate
                                                     giudicato

giudicato frà gli altri sapientissimo dall'oracolo d'Apolline,
e Platone, n'hebbero cognitione, e gl'Ateniesi mandarono
Metrodoro à Paulo Emilio Romano, il quale ricercaua da
loro vn principale filosofo, & pittore, perche egli haueua notitia di tutte due; acciò che le insegnasse à i suoi figliuoli. Et il
medesimo si troua scritto di molti altri famosi huomini, che la
essercitarono, come fù il gran prencipe della famiglia de i Fa-
bij che dipinse il tempio della Salute, Pacuuio poeta nipo-
te di Ennio, che dipinse nel tempio di Ercole, Turpilio Cauaglier Romano, Marco Valerio Massimo, Ateio Labeone
Pretore, & proconsule, Quinto Pedio, Lucio Mummio, gli Sci-
pioni, Giulio Cesare, Paulo Emilio, e i suoi figliuoli, Domi-
tio, Merone, Alessandro Seuero, Valentiniano, & Marco
Agrippa. Ne sono mancate anco femine illustri in diuersi
tempi, che se ne son dilettate, come Timarete che dipinse la
Diana longamente conseruata in Efesio, Irene, Calisso, & Cicene Vergini, Olimpia, Martia figliuola di Varrone che dipin
se ne i fori publici. Grande argomento della nobiltà della pittura si può oltre di ciò cauare dalla stima, & riuerenza in che so
no stati hauuti in tutte le età da gli huomini grandi, i professori
di quella, & l'opere loro. Imperoche i Rè d'Egitto in certo
modo gl'adorarono, come padri delle sacre imagini, gli
Agrigentini hebbero in grandissima stima Zeusi, & vsarono
verso di lui tanta liberalità, ch'egli introdusse l'uso di donar le
pitture. Cosi fece il Rè Attalo con Aristide Tebano, & Picea
Ateniese, il Re Candaule con Bulareo, Demetrio Falereo
con Protogene, Cesare con Timomaco, Nicomede Re di Licia con Prasitele, & Filippo Rè di Macedonia con Panfilo.
Il qual col fauor di lui, & de gl'altri Principi di Grecia, ottenne
ne che primamente in Sicione, & doppo in tutta la Grecia i
fanciulli nobili inanti à tutte le cose, apprendessero la pittura,
& che ella fosse riceuuta da tutti nel primo grado dell'arti liberali, onde per l'auenire ella fù sempre essercitata con grandissimo

Pittura essercita-
ta da molti huo-
mini illustri.

Femine pittrici fa
mose.

Pittori amati da
Prencipi.

Zeusi introdusse
l'vso del donar del
le pitture.

Pittura riceuuta nel
primo grado del-
l'arte hberali.

diffimo ftudio, da i nobili,eſſendo prohibita à i ſerui: e frà gli
altri da Aleſſandro, il qual non contento d'hauer donato al

Campaſpe donata
da Aleſſandro ad
Apelle.

diſcepolo di Panfilo, Apelle, infinite richezze, volle anche
donargli Campaſpe donna amatiſſima da lui. Potrei dire di
Tiberio, che in tanto prezzo teneua le coſe di Parraſio, della

Scuola di Ottauia.

Diua Ottauia che haueua ripiena la ſua ſcuola, delle principali ſtatue,& pitture che foſſero al mondo. Mà e quelli e molti altri tralaſcio,per palar anco de moderni,che non meno che

Principi che ama-
rono i pittori coſi
ne gli antichi co-
me ne i moderni
tempi.

gli antichi, l'hanno amata, & riuerita;ſi come fù Roberto Re
di Napoli,che amò ſommamente,& apprezzò Giotto;Lodo-
uico vndecimo Rè di Francia,Giouanni Bellino, Maumeth,
il fratello di lui Gentile, Lodouico Marcheſe di Mantoua
Andrea Mantegna; Filippo Viſconti, & Franceſco Sforza
primo, ambi Duchi di Milano Vincenzo Foppa;Lodouico il
Moro Duca di Milano,Giulian de Medici, & Fráceſco Vale-
ſio Re di Francia Lionardo Vinci; Giulio Secondo,& Leone
Decimo Rafael Vrbino, Michel Angelo, & altri; Maſſimigliano Imperatore Alberto Durero ; Alfonſo Duca di Ferra-
ra, Federico Duca di Mantoua,Franceſco Maria Duca d'Vrbino, & Carlo Quinto Imperatore Ticiano, che non meno
l'amò,& riueri, che faceſſe Aleſſandro Apelle. Altri eſſempli
di Principi,& huomini illuſtri,che hanno ſommamente honorata, non ſolamente l'arte, mà gl'artefici, ſi poſſono leggere
nelle vite de i pittori; ſcritte da Giorgio Vaſari.Appreſſo te-
ſtimoni della nobiltà,& riputation di queſt'arte, ci poſſono

Muſei ornati di pit
ture,& ſcolture.

eſſere i gran Muſei antichi,& moderni,delle pitture,& ſcoltu-
te de i quali ſi ragiona nel ſeſto libro del mio trattato; & nel
fin di queſto, tratterò ſolamente d'vno, il quale ſolo aggua-
glierà quanti altri ſono mai ſtati cioè di quello del Catholico

Tempio delo Sco-
riale in Spagna.

Rè Filippo poſto dopo il famoſo tempio di Santo Lorenzo
al Scoriale. E per conchiudere queſto diſcorſo, non è popolo ne natione al mondo, che non habbi molta riuerenza, &
iſtima di queſt'arte, mentre che ciaſcuna ergendo à lor Dei i
Tempij

Tempij, Poneuano sopra gli Altari le imagini loro, e gliele côsecrauano, facédoli in diuersi modi Sacrificij come Beotij ad Anfiarao; gl'Africani à Celesti, & Mopso; gli Egittij à Osiri, & Iside, gl'Arabi à Adiafare, gli Scithi à Minerua; i Norni à Tibeleno, i Naucratidi à Serapi, gl'Assiri à Atargate i Mauri à Iuba; i Macedoni à Gabiro; i Cartaginesi à Vrano; i Latini à Fauno; i Romani à Quirino; i Sabini à Sango, e cosi gl'Ethiopi, i Tebani, i Tamariti vicini a gl'Hircani, & altri popoli, ad altri Dei, che per nô far sopra ciò più lungo discorso si trouano descritti da Ouidio ne i Fasti, & nelle historie di Origene, Tertulliano, Apuleio, Diodoro, Luciano, Leone Hebreo, & d'altri: & io ne parlo d'alcuni nelle forme de i Dei, de i Gentili, nell'vltimo libro. Lode principale è di quest'arte, & illustr privilegio concessoli dalla Chiesa nostra, ch'ella potesse rappresentare Iddio con tutta la gloria sua, gli Angeli, i Santi, & i miracoli da loro operati, & che à tali imagini siamo obligati prestar honore, & fare inchineuolmente riuerenza, si ne i tempij come in altri luoghi. Il che soleuan fare altre sì gl'antichi, come di sopra si è detto, riferendolo Platone nel vndecimo delle leggi, oue commandò che si honorassero le Sacre statue, & imagini dei Dei, e però le dimãdauano sacre perche l'haueuano dedicate ad essi suoi falsi Dei, si come canta Orfeo nell'Hinno à Venere Licia. Con tutto ciò, se ben io hò preso à scriuere d'arte così nobile, & riputata, quanto ognun può conoscere da quello che fin qui si è discorso, non resteranno i maligni, & inuidi, che d'ogni cosa vogliono esser censori, di tassarmi di poco giudicio nell'eleggere così fatta materia, per cui trattare, io habbi voluto collocar lo studio, & l'industria mia, come che poco giouamento possa recare à chi leggerà. Ma non dubito già per il contrario, che quelli che si dilettano dell'arte, non siano per lodar se non l'effetto, almen lo sforzo che io hò fatto, di illustrar più che hò potuto, vn'arte così recondita, & non siano per sentir piacere, leggendo

do

Sacrificij diuersi di varij popoli à diuersi Dei.

Lode principale della pittura.

Imagini, & figure di Santi si debbono riuerire.

Statoue, & imagini di Dei chiamate Sacre.

Tassa de i maligni contro l'autore.

Lode sperata dal l'autore da gli amatori dell'arte.

do volte cose che quiui troueranno da me osseruate, & da diuersi luoghi in vn raccolte. Et se ben questa è arte, con la quale si possono rappresentar così le sozze, & obscene, come le honeste, & lodeuoli cose, non per questo penso che à ragion io possa essere ripreso. Perciochenon è arte de la quale gli huomini di mala mente non possano valersi à mali vsi, si come accade parimenti in tutte le scienze. Mà io non scriuo à tali, mà à coloro i quali desiderosi d'esser lodati non sol cõ valore, mà con ogni bontà si danno à questo studio. A quali basterà che io auertisca che si guardino di non metter studio in rappresentar le figure loro in atti molli e lasciui. Perciochenon solamente con tal vista si vengono à corrompere gl'animi, & ad accenderfi à far quello che in figura vedono, mà spesse volte s'inducono ad amar feruenteméte, come si legge di colei che s'innamorò d'un giouane dipinto sotto il portico d'Athene, di Alchidia Rodio, che in Ghido amò l'opera di Prassitele, & di Pigmalione che amando la sua figura d'auorio, ottenne con prieghi che li fosse dato spirito e vita, per poterla godere, come si fauoleggia. Onde di cotali pitture, & scolture, quantunque per altro fossero eccellentissime, in vece di lode, ne segue à gli artefici, scorno, & vituperio, oltre l'offesa che si fà à Dio; doue per lo contrario, feruendosene à buono vso, & massime ad honorar Dio, & incitar gli altri à riuerirlo, & adorarlo, se ne riporta insieme gloria, & riputatione.

De gli effetti, & dell'utilità della pittura.
Cap. 7.

QVante sono le cose create della natura, che sono inumerabili, tante si può con ragion dire, che siano gli effetti che produce la pittura, & i giouamenti ch'ella apporta. Percioche

cioche rappresentando à gli occhi nostri tutte le forme delle cose, di che è ripieno, & adorno questo mondo à guisa d'vn'altra natura, ò almeno come imitatrice cõ ragione, & emula di lei, viene con tante parti à farci conoscere cõ 'l più bello è diletteuol modo, la diuersità di esse forme, c'insegna come ella ne meglio si conuengono insieme, e con che sottile, & ingegnoso artificio per la forma de i corpi perfetti, si congiungono, & collocano insieme regolatamente le linee instituite da occhio introdotto conragione. Il che si vede benissimo espresso in vna raccolta di diuersi essempli, che non si è mai mostrata instampa, doue con molta fatica de gli autori di quella, che sono stati huomini peritissimi dell'arte si vedono gli scorti, i lumi, l'ombre, i colori, e tutti i suoi marauigliosi, & vtili effetti, col mezzo dei quali, la pittura arriua alla perfetta imitation della natura, il che si fà per due vie, vna è in imitar le membra de i corpi naturali simili al vero, l'altra che questa tiene per niente, e quella che imita col mezzo delle inuentioni, li moti, affetti, gesti, atti, & collocationi che la natura può fare, inuentare. Et con questa aggiunge colà doue non è concesso all'altre di poter peruenire, & massime alla scoltura. Imperoche ella seguendo il lineamento della pittura, nella idea imaginata, non può fare ch'entro alle superficie de gli oggetti, vn piano si estenda con l'acume del vedere, sino al suo fine, & parimenti il suo contorno, fuor che dal basso rilieuo, si come fa la pittura Cosa ch'auuiene per diffetto dell'arte, non de gli artefici, poi che ciò si vede anco nelle migliori statoue de i Greci, & de i Romani, & in quel, e anco de i più famosi moderni, come del Bonarroto, del Bandinelli, del Fontana, di Gio. Bologna, & di molti altri. Si che la pittura è atta à rappresentare al uiuo tutto ciò ch'occhio mortal può vedere, e lume, e raggi di Sole, & Ecclissi, e notte, e sera, & aurora, e folgori, e tuoni, e color di Cielo, e fumo, e pesci sotto acqua, & nel huomo, quasi lo spirito, & l'istessa voce & l'aria.

E quindi

Forme delle cose rappresentate dalla pittura.

Natura per due vie imitata dalla pittura.

Scoltura non aggionge alla pittura nella epressiõ de gli atti, e de gli effetti.

Pittura atta à rappresentare tutto il creato.

E quindi ella viene à formar il volto ond'egli è da gli altri
conosciuto, col maggior diletto che possa sentir l'occhio, &
l'intelletto, non pur del sauio, mà ancor de gli ignoranti, rappresentando quelle cose, & in quel modo, che più à ciascun di
loro agradisce. Onde di lei tanto si compiacciono e prendon
diletto i Papi gli Imperatori, i Rè, & ogni nobile, & virtuoso
spirito. Oltre di ciò ella è vn ornamento principale di tutte
le cose, poi che di lei s'adornano e templi, e palazzi, & ogni
luoco più pregiato e caro. E mentre ch'adorna, produce insieme vn'altro effetto vtilissimo, che eccita, & solleua la mente
di chi la mira, alla contemplatione delle cose rappresentate.
Ne è da tacere, quel che di lei dice Leon Battista Alberti, ch'
ella aggiunge pregio à i metalli, percioche assai più si stimano
qñdo sono intagliati, & lauorati có qualche vago artificio. Fi-
nalmēte di lei fa mētione Aristotile nel ottauo della sua poli-
tica, come di arte vtilissima, e per cui mezzo si conoscono
corpi, gl'vni da gli altri, mouendosi à far questo giudicio, da
quello che si vede nel comprar delle cose pagandosi assai più
quelle che di qualche pittura sono adorne. Dal che possiamo
chiaramente conoscere, quanto sia priuo di giudicio chiunque non istima la pittura; poi che non solamente in pace, come si è detto fin qui, mà anco nell'arte della guerra, è non pur
gioueuole mà necessaria, per il disegnare di paesi, di siti, di
fiumi, di ponti, di fortezze, & d'altre cose, delle quali è necessario che'l buon Capitano, & soldato habbi notitia. Et l'architetto militare, anzi di fabriche ancora, non farà mai degno
di nome d'architetto, senza la cognitione della pittura. Il che
hà lasciato scritto anco Vittruuio, ammonendolo che inanzi
à tutte le cose, attendesse allo studio di quest'arte, come necessaria all'intelligenza dell'architettura, e che tutta l'insegna
e dimostra: Effetto nō mèn nobile, & dilettevole di quest'arte è quello ancora che da lei s'impara quale sia la bellezza di
tutte le cose. Ne senza lei conoscerà perfettamente il Cauagliero

Ornamento di tut-
te le cose è la pittu-
ra.

Metalli in maggior
stima p la pittura.

Differenze de i cor-
pi scorte per la pit-
tura.

Militia, & archi tet-
tura bisognose del-
la pittura.

Vtilità diuerse ap-
portate dalla pit-
tura.

gliero qual sia il ben formato cauallo, ne altri il bello di qual
si voglia cosa che l'huomo veda, & goda, non amenità di lochi, non bellezza di spade, d'armi, di vestiti, d'ornamenti, di
gioie, di fonti, di Città, di forteze, e quello di cui sopra tutte le cose, si pasce, & diletta l'intelletto nostro, non conosce
rà mai per le sue cause, quale sia la vera bellezza in vna dōna,
& in vn huomo, ch'è ritratta da quella dell'istesso Iddio, & cō
tiene in sè, come compendio, tutta la proportione, & l'armonia del mondo. Il quale come dice il Castiglione nel suo cor-
tigiano, anch'egli non è altro che vna pittura della natura,
veggendosi l'ampio Cielo, di chiare stelle tanto splendido, &
nel mezo la terra da i mari cinta, & adorna di Monti, di Valli,
di fiumi, & d'infinita varietà d'Arbori, di fiori, & d'herbe ornata. Ne séza lei saprà mai alcuno discernere, & separar il bello dal diforme, mà sarà alla conditione de gli istessi animali
irragioneuoli, veggendo con vn medesimo occhio, scorto, &
guidato dal solo senso, tutte le cose in vn istesso modo, & forma. Ma doue lascio il rappresentare, che co'l mezzo di lei, si fà
delle cose, che non si veggono se non per imaginatione di chi
le intende in sua natura, & significato? Onde ne nasce si gran
materia d'essercitar la mente, & la forza del ingegno per pene
trar sottilmente corali considerationi, le quali tanto più vengono intese, quanto che l'artefice si troua più dotato della
cognition di quelle discipline le quali hò detto, & son per dir
altroue essergli necessarie. Et di qui ne segue poi, chet ransfe-
rendosi l'imaginationi alla rappresentatione, riescono esserti
tali, che dal mondo sono ammirati, non solamente con sommo diletto, mà con estrema marauiglia, anzi pur sono come
miracoli, vedendocisi dimostrare vna cosa per vn'altra, che
pure è la medesima. Si come per essempio si può vedere in
vn ritratto dal naturale di qual si voglia persona, che miran-
dosi non si saprà ciò che sia, è pur si mirerà vna testa con tutto
il resto del corpo, ne tutta via conoscerà che sia ritratto, se nō

                                                            con

Bellezza humana
non si conosce per
la sua causa se non
co'l mezzo della
pittura.

Mondo altro non
è ch'una pittura.

Imaginate cose nō
che create può rap
presentar la pittu-
ra.

Rappresenta con
l'arte vna cosa per
vn'altra, che pur è
la medesima.

con quel'arte con cui l'imaginatione si accompagna alla rappresentatione. Il che hò fatto io per mio diporto (spesse volte) con grandissima marauiglia, di quelli che presenti vi si son ritrouati. Et di questa maniera se ne possono fare altre esperienze infinite, cauandole dal già ben formato, & perfetto essemplate, con quell'arte di cui io tratto nell'altra opera mia, la doue parlo della prospettiua; Oue mi sforzo di giouar il più che posso à gli studiosi di quest'arte; ricordandomi dell'antico detto di quel filosofo, il quale douerebbe ogni huomo hauer sempre inanzi gli occhi, che non solamente per noi, mà per la patria, & per gli amici siam nati; & non tanto il proprio, quanto l'altrui commodo debiamo ricercare.

H'uomo nato per giouar altrui.

Delle scienze necessarie al Pittore. Cap. 8.

prattico modo di operare quale sia.

DVE sono le vie di operare nella pittura, vna di prattica, l'altra di theorica. Per prattica opera colui che senza saper il fondamento, & la ragione di quello che fà, hà solamente vna certa facoltà, ch'egli si hà acquistato con vn lungo essercitarsi ò si regge solamente dietro ad alcun essempio.

Theorico modo di operare quale sia.

Mà per theorica opera quello che sà mostrar con ragione di proportionati effetti, le perdite, & i rauuolgimenti de i corpi, & tutt quello che si può far cò 'l pennello, & appresso gli sà esplicare con parole, & insegnarli con ordine, con chiarezza, e con facilità ad altri.

prattica sola nõ può far lodare pittore.

Imperò i Pittori che senza questa operano, benche con la prattica siano lungaméte, e con grande studio essercitati, con tutto ciò nõ possono, per quanta industria & isforzo pongano nelle loro opere, acquistar luogo alcuno fra i lodati artefici.

Theorici Pittori sicuri, mà nõ vaghi nel loro operare.

Et quelli che procedono con la sola theorica, se ben più con parole chiare, & viue dimostrationi operano, che con ornamento, & vaghezza, che sono effetti della prattica, nondimeno pare che mostrino maggior grandezza, & dian di sè maggior ammiratione al mondo. Mà s'auuiene

Prattica, & theorica cõgiunte fanno perfetto il pittore.

che

che alcuno, e l'vna, & l'altra poſſono quelli ſi come huomini ſicuri à gran paſſi corrono alla palma, & in poco tempo
l'acquiſtano, laſciado ſi dietro per lõghiſſimo interuallo i puri prattici, & theorici. Perciochetutto quello che vien loro
in mente, conſeguiſcono feliciſſimamente ſenza punto ſopra-
ſtar mai dubioſi nel l'operare, nõ che commetter errore. Per
la qual coſa ogniun più venir in cognitione, eſſer di neceſſità
che il profeſſore di queſt'arte, douendo eſſer dotato di queſte
due parti, habbia vn ingegno atto ad apprendere quelle ſcien- Ingegno neceſſario al pittore.
ze che ſono di biſogno per conſeguirle. Perciocheme ne l'ingegno ſolo può aquiſtar al pittor il pregio ſenza le ſcienze, Scienza, & ingegno giuntam. ſi
ricerca.
ne quelle poſſono per altro ò ſtudio ſolamente, ſenza ingegno
apprenderſi. Poi è di meſtier che di tutte quelle habbia ſe
non perfetta, almen mediocre nõtitia e maſſime di alcune par
ti di loro più neceſſarie, altrimenti meglio è come dice ad altro ſuo propoſito, Vitruuio che ſi ponga ad altra impreſa, nõ Auuertimento di
Vitruuio.
trouãdoſi à queſta riuſcibile. Et però pazzo è quello, che pen
ſa di poter eſſer pittore ſenza ſaper pur leggere, & ſcriuere,
eſſendo queſto il fondamento di tutte le ſcienze, poi che con
tal mezzo ſi vengono à ſaper le coſe fatte, & dette. Non hà
d'eſſer ignorante delle hiſtorie ſacre, & delle coſe appartenenti alla Theologia, appiarandole almeno per via di frequente Teologia neceſſa-
ria al pittore.
conuerſatione con Theologi; accioche ſappi come ſi debba
rappreſentare Iddio, gli Angioli, l'anime, i demoni, i luochi
doue ſtanno, i loro habiti, & colori ſecondo gli vfficij, & generalmente tutte le ſante, & diuote hiſtorie, nel più degno, &
eccellente modo che poſſa eſſere. Mà ſopra tutto, per eſſerci-
tatione generale, & particulare, fà biſogno che egli ſia buon
Matematico; che altro non vuol dire, che dottrinabile ouer Matematica ſi ricerca nel pittore.
Aſtrologia, & ſuoi
effetti.
diſciplinabile, affin che con l'Aſtrologia poſſa peruenire alla
cognitione de i cieli dei ſegni, e delle faccie aſcédenti, & ſigni
ficationi oro. Perciocheconoſciuta la natura de i corpi, per le
imagini celeſti, & il oro influſſi, intenderà che hà da rappre-

D   ſentare

sentare il Martial crudele, il Venere piaceuole, & cosi gli altri con simili ragioni. Senzalche si può veramente dire, che la pittura nulla vaglia, & sia senza spirito. Con la Geometria verà à conoscere i corpi perfetti, e regolati, con le loro proportioni, & misure, che sono i fondamenti delle trasferitioni, in che pende tutta l'arte, con la prospettiua, che è il cuore della Geometria, le ombre, i lumi, i raggi, gli scorti, & finalmente tutte quelle parti, che ingañando gli occhi nostri, ci fanno vedere quello che non è. Con l'Aritmetica le proportioni, le armonie, & le conuenienze de i corpi, per numeri, & quantità, percioche co'l numerar le parti minime con le maggiori, si vengono à formar le pitture giuste, & belle, e non farle à caso come sono quelle di coloro che sono priui di questa cognitione tanto necessaria. Ne basta che il pittore sia instrutto di queste scienze sole, mà è necessario di più che habbi cognitione dell'Architettura, per essere quest'arte nostra in gran parte composta di tal scienze, & insieme della Musica, che anch'ella è tanto necessaria che senza lei non può essere perfetto il pittore. Mà perche l'architettura sopra tutte le altre sciēze e quella di che il pittore hà d'hauer compita cognitione, & in lei sono molte diuersità, che si scorgono chiaramente nel metterla in prattica, si come fanno i pittori, scultori, orefici, & altri che tutti di pari nel operar la seguono, è necessario saper la vera regola del prattica rsi. La quale in sōma nō può cauarsi meglio d'altro luogo che dall'osseruare la forma delle buone fabriche antiche. Le quali sono oltre altre infinite il Coliseo, & il Pantheon di Roma, & anco di molte moderne che hanno tenuto nelle opere loro, Bramante, il Bonarroto, il Petrucci, Rafaello, il Zenale, il Bassi, Gioseppe Meda Pittore, & Architetto massime nel bellissimo Palazzo del S. Prospero Viscōti in Milano lodato da i più famosi Poeti che ci siano Cauaglier non men per lettere che per nascimento Illustre, & altri molti valenti architetti. Nelle quali fabriche cosi moderne come

me antiche si vede osseruata vna pura, & vera architettura, senza tante confusioni di fogliami, & quadrature, che
ingombrano tutto il bello dell'arte. Il quale all'hora si conseguisce quando l'Architetto procede con la regola de i
precetti dell'arte che sono varij, & distinti secondo che varij
& distinti sonogli ordini dell'architettura, ò Toscano, ò Dorico, ò Ionico, ò Corinthio, ò composito. Il quale fù ritrouato da i Romani, & così chiamato perche di tutti gli altri ordini partecipa. Aggiungasi il sesto nouellamente ritrouato da
Giacomo Soldati architetto del Sereniss. Duca di Sauoia che
egli chiama armonico, & co'l suono facilmente lo fà sentir à
l'orecchie, mà à gli occhi stenta rappresentarlo volendo in
questo imitar l'antichi che non meno sonando, che disegnan-
do, & fabricando fecero conoscere al mondo l'armonia de i
suoi cinque ordini. Cosa che riuscendoli è per aportar grandissima gloria alla nostra Italia. Hora essendoci necessaria la
notitia qualunque sia di tante, & così difficile scienze per poter peruenir al segno della vera lode, in quest'arte, ben si vede
che nó habbiamo da perder tempo, ma có continuo studio af-
faticarci, che quanto più instrutti ne saremo, à tanto più sublime grado d'eccellenza aggiungeremo. Fù già la Matematica,
come quella che tante arti in se contiene, in somma riputatione, non solaméte appresso à i Caldei, & à gli Arabi suoi inuen-
tori, mà anco appresso à tutti gli altri popoli, se ben con diuersi nomi, i professori di quella addimandauano. Percioche
i Caldei, & gli Arabi, li chiamauano Matematici, Genethlia-
ci, & Arghbi, come riferisce Vitruuio nel nono, i Persiani Magi, i Greci Filosofi, i Latini Sapienti, i Galli Druuidi, gli Egittij Profeti, gli Indiani Ginnosofisti, e gli Asiri, & gli altri, popoli, có altri nomi. Et tutti quelli che faceuan professione delle Matematiche, erano altre sì intelligentissimi della pittura,
come si raccoglie dalle loro historie, essendo eglino stati i proprij fabricatori delle imagini de' suoi Dei, & di tutto ciò ò al-

D 2 tro

Side notes:

Parti che son ri-
dano gli architetti.

Ordine sesto d'ar-
chitettura ritro-
uato da Giacomo
Soldati.

Ordini cinq; anti-
chi d'architettura.
Ornamento alla
architettura.

Matematica molte
arti in se contiene.

Arabi inuétori del-
le Matematiche.

Matematici diuer-
samente chiamati
da popoli.

tro che voleuano esprimere in figura, & anco delle statue, che per via di ruote, & di venti si moueuano, come è scritto di quelle di Mercurio in Egitto. Mà perche la pittura, come già affermò Michel Angelo, tanto più rilieuo mostra, quanto più s'accosta, & auicina al viuo, instituito con diritto ordine, è necessario, per farsi più facile questa ragione d'operare acconciamente, sapere della prattica, almen tanto che fabricandosi i modelli di terra, ò di cera, si possano più facilmente conoscere ne i corpi à suoi lochi instituiti le ombre, & i lumi, si come hanno fatto i più eccellenti di quest'arte: & frà gli altri, Alberto Durero co'l taglio che egli fà à trauerso della testa, & di tutte le giunte de i corpi, facendo parere i principij delle loro mébra per mostrare più facilmente, & far veder le simmetrie de i corpi, si come egli medesimo confessa. Ancora che ciò, senza questa via più perfettamente possa farsi per via di pura Geometria, & prospettiua, come si può vedere nelle opere di lui medesimo, & come hanno fatto Vicenzo Foppa, Andrea Mantegna, Bernardo Zenale, & molti altri. Conuien ancora, per essere abondante, & copioso d'inuentioni, far continuo studio nelle historie di tutti i tempi, & di tutte le nationi, Perche elle ci porgono le memorie de i fatti come seguirono in tutti i modi, & con tutte le circonstanze, le quali quanto più minutamente dal pittore sono osseruate, & intese, & nell'opere di lui espresse, tanto più fanno la pittura simile al vero. Et quindi ella riesce tutta piena della maestà, & grandezza, che doueua essere nel proprio fatto. Nè men gioueuole è al nostro pittore la poesia di quello che sia l'historia, anzi è tanto congiunta, che si può dir quasi vna medesima cosa con la pittura, per infinite conuenienze che hanno insieme, & massime per la licenza del fingere, & inuentare. Et però sempre che il pittore sarà accompagnato dalla poesia, saprà rappresentare i suoi concetti, & trouati non men vagamente, & viuamente à gli occhi co'l pennello, & co'i colori, di quello che sogliono

gliono con la penna, & con l'inchiostro i poeti. Mà quell'arte che di tutte le altre, è la più importante, & necessaria per lo disegno, è l'Anatomia, che c'insegna ad incatenare le membra, le vene, & l'ossa, & ne i corpi legare i nerui, & comporre i musculi nel più certo modo che si possa fare prendendo l'essempio da i corpi morti, & da i viui. Et che ciò sia vero, vedesi che quelli che non hanno cognitione di lei, quantunque nel resto siano esperti & essercitati, non possono mai, non che accostarsi ò conseguire il naturale, mà à pena probabilmente imitarlo, non sapendo, come sotto la pelle siano composte, & collocate le membra, & l'altre parti ascoste, onde nasce il moto, e tanti, e sì vari effetti suoi. Necessaria appresso à questa, è la cognition dell'affetto, & della diuersità de gli effetti ch'egli partorisce, & fà vedere esteriormente ne i corpi, fondata sopra la diuersità de gli elementi, & dell'e complessioni. Di questi effetti studi il pittore d'esser ben intendente, & perito, & à questo sempre auertisca, se vuol che nell'opere sue, si veda espresso il vero, & il naturale. Cò questa cognitione si vengono à rappresentar le arie delle genti conuenienti à gli atti che lor si danno, & à g i effetti in che si fingono, & secondo le passioni dell'animo s'esprimono con bellissimo modo, le vnioni di tutte le parti in vn corpo, & le diferenze loro. Et hauendo riguardo à corpi superiori, à quali sono sottoposti i paesi, & alle varietà delle operationi, & influssi loro si viene, à far conoscere distintamente gli habitatori di ciascuna regione. Onde non è alcuno che non riconosca il Francese dal Spagnuolo, & questi dal Tedesco, & lui dal Italiano, & quello parimenti da gli altri. Il che serue à farci conoscere la qualità de gli animi, & delle complessioni, onde s'impara poi la vera ragione del dare à ciascuna figura, le vere proportioni, i lineamenti, i colori, & le altre parti, che propriamente, & secondo la verità le conuengono. Finalmente il vero Pittore douebbe essere tutto Filosofo, per poter ben penetrare la natura delle cose, &

Anatomia necessaria al Pittore.

Moti, & affetti diuersi causati dalla diuersità de gli elementi.

Habitatori di ciascuna regione tra loro distintamète conosciuti.

Filosofo douerebbe esser il pittore.

D 3

se ,& cõ ragione dare à ciafcheduna la quantità de i lumi che
gli fi deue. Che in quefto modo turre le rapprefentationi par-
rerebbero cõ vere, nõ rapprefentate, nè finte, & il facitore ef
fendo tale, qual io lo ricerco, ne faprebbe rendere poi la ragio
ne à ciafcuno . Nel che propriamenre confifte l'autorità del-
l'arte nel Pittore, è verrebbe egli oltra ciò ad effer modefto,
humano, & circonfpetto in turre le fue ationi. Cofa che anco
dalla filofofia s'impara, fi come fono ftati il faggio Leonardo,

Pittori più nobili
di amabili coftumi. il Ginnofofifta Buonarroto, il Matematico Mantegna, i due
Filofofi Rafaello, & Gaudentio, & il gran Druuido Durero. I
quali non ranto acquiftarono lode, & fama per l'eccellenza
dell'arte, quanto per l'humanità, & dolcezza dei coftumi, che
gli rendeuano amabiliffimi, & defiderati da tutti quelli, con
cui conuerfauano. Et quefta parte pare anco tanto più neceffaria nel pittore, & viene à rileuare più in lui, quanto che egli

Pittori da gl'igno-
ranti riputati per
pazzi . dal volgo , che per lo più giudica à cafo, fenza alcuna confideratione è riputato capricciofo, e poco men che pazzo, vedendo che il più de i Pittori, fono fantaftichi, & agitati fpeffo
dall'humore nelle loro conuerfationi. Il che non vuò ricercar
hora, fe proceda ò dalla natura loro, ò da gli intrichi dell'arte, ne' quali s'inuolgono di continuo, mentre che vanno inue-
ftigando i fecreti, & le difficultà grandiffime che foro in lei.
Mà appreffo à tutte quefte cofe, che fin'hora ho detto effer
neceffarie, bifogna vltimamente aggiungere vna parte più ne
ceffaria di tutte le altre, cioè che l'huomo fia nato Pittore, fi
come diciamo anco del Poeta, che in quefto principalmente

Arte, & ftudio folo
non può far pitto-
re fe é abandonato
dalla natura. conuengono infieme la Pittura, & la poefia. Altrimenti non
continue fatiche, non lunghi ftudij, non acutezza d'ingegno,
non fondamento di lettere, non lettioni Theologiche, non
aiuto d'Aftrologia, non figure Geometriche, non raggio di
profpettiua, non conuenienze di Mufica, non proportioni
Aritmetiche, non leuationi d'architettura, non modelli di Plaftica, non memorie d'hiftoria, non fintioni Poetiche, non ef-

sempli

fempli d'Anatomia, non efpreſſioni d'affetti, & finalmente nõ
cognitioni, ò dimoſtrationi Filoſofiche, potranno mai fare,
ch'uno il qual nõ ſia nato per eſſer pittore, poſſa mai giungere in queſt'arte ad alcun grado d'eccellenza cioè, che non hab
bi portato ſeco dalla culla, & dalle faſcie, l'inuentione, & la
gratia dell'arte. La quale è quella, che tutte le parti ſopradette collega, & aduna con mirabile leggiadria, in quello che naſce con lei. Si come all'incontro, chi naſce ſenza lei, ſia quanto
vuol conſiderato nella profeſſione per forza d'arte, & di
ſtudio, non potrà mai far tanto, che nelle ſue rappreſentatio-
ni non ſia vna diſgratia tale, che le renda tutte odioſe à chiunque le riguarda. Il che quanto ſia vero e de gl'uni, & de gli altri ſi vede eſpreſſamente in quelli, che non eſſendo nati alla
pittura, ſi danno per via di ſtudij, & fatiche à ſeguitare, & imi-
tàr le maniere de gli altri, che non poſſono però mai agguagliare, anzi ne pur à gran pezzo appreſſargli. Et ne gli altri,
che nati, & come fatti à quella, congiungendo con la gratia,
& faculà natiua, mediocre ſtudio, & cognitione delle predet-
te ſcienze, conſeguiſchno, cõ ſomma felicità tutto quello che
vogliono, ſe ben con differenti maniere, ſecondo la diuerſità
de i genij loro, ſi come di ſopra à baſtanza ſi è diſcorſo. Mà
tempo è di dar principio alla fabrica di queſto noſtro tempio
& di ragionar de i ſuoi Gouernatori.

Pittura facile à chi u'è nato.

Arte ſola rẽde odioſa la pittura.

Natural diſpoſitio ne di quanto momento nel pittore.

Fabrica del tempio della Pittura, & de i ſuoi Gouernatori. Cap. 9.

IN quella guiſa che queſto mondo è retto, e gouernato da
ſette Pianeti, come da ſette colonne, le quali pigliando
ciaſcuna la ſua luce da la prima luce, che è Iddio, la vanno poi
qua giù appartatamente infondendo, à beneficio di tutte le
create coſe, ſarà parimenti queſto mio tempio di pittura ſo-
ſtenuto,

Pianeti à guiſa d ſette colonne che ſoſtengano il mon do.

tenuto, eretto da sette gouernatori, come da sette colonne,
& imitarò in ciò Giulio Camillo nella idea del suo theatro,
ancora che troppo humile, & rozza sia questa mia aperto à
quella fabrica. Io hò adunque eletto prima i gouernatori del
tempio, i quali tanti sono, quante colonne, & gouernatori sono ne i cieli. Quindi à sembianza di colonne gli hò collocati tutti in figura circolare, vgualmente distanti insù i piedistal-
li. Sopra loro stáno l'architraue, il fregio, & il cornicione, tutti in giro settenario, & sopra questi è il volto, che finisce al foro settenario della lanterna. Dalla quale discende la luce, &
lo splendore, che alluma vgualmente tutto il tempio il quale è
circondato da sette pareti intorno trà l'uno gouernatore, & l'altro, tutti vguali, e nel volto finiscono al foro della lanterna. Sono questi gouernatori di sì soprane luce risplendenti, nati tutti nella Italia, madre feconda in ogni tempo d'huomini illustri, in tutte l'arti, per ornamento eterno dell'arte della pittura.
La quale giacque estinta, & come sepolta dal tempo dal Magno Costantino Imperatore, fino à tempi di Massimiliano, &
di Carlo Quinto Imperatore, ne i quali essi nacquero, che la
fecero risorgere più bella che mai fosse, solleuandola alla maggior altezza, doue possa arriuare, ne solamente per vna via
sola, mà per diuerse, e frà se dissomiglianti, poi che le maniere
di ciascun di loro, come che tutte eccellenti in se stesse, niente
di meno nulla ò poco hanno frà loro di conforme. Mà delle
lodi di questi soprani maestri dell'arte, e delle proprie qualità di ciascuno, à bastanza ne parlo nel libro del moto, in quel
capitolo, doue si tratta dei moti de i sette gouernatori del
mondo, intitulati à loro, come à quelli che gli hanno in somma eccellenza dimostrati. Hora perche per vitio della còrrot-
ta natura nostra, & per le continue suggestioni dell'auersario
antico de gli huomini, frà i professori d'una istessa arte, sempre nasce grandissima emulatione, & inuidia; e quanto vno
poggia più alto, tanto più hà chi s'affatica di abbassarlo, & de-
primerlo.

Gouernatori di pit-
tura sono simili à
quelli dei Cieli.

Italia genitrice de-
i Gouernatori del
tempio.

Pittura rimase e-
stinta ne i tempi di
Constantino.

Diuersità delle ma-
niere onde habbi
origine.

Inuidia procede dal-
la natura corrotta,
& dalla suggestio-
ne diabolica.

primerlo, ne i piediftalli fopradetti, faranno intagliati di baffo rilieuo, quelli i quali fono contrarij all'effere, & qualità di
ciafcuno d'effi Gouernatori dell'arte, & eglino faranno formati naturali come furono, con gl'iftromeni in mano, accommo-
dati all'artificio loro, & la materia onde hanno d'effer formati, farà del metallo della natura, & qualità di quel pianeta, à
cui ciafcun di loro fi dirà effer fottopofto, p hauer hauuto qua
lità, & natura à lui conforme. Nel pauimento poi, ò foglio,
dell'ifteffo tempio, fi collocheranno le fpecie, & parti del primo genere della difcretione, il quale abbraccia tutte le fpecie,
& parti de gli altri fette generi, i quali in quefto trattato fi
fpiegheranno, comminciando nel feguente capitolo à nominare le fette parti, che fono conuenienti alla natura de i loro
gouernatori. Ne i pareti circolari, fopra il pauimento andran-
no collocati le fette proportioni conuenienti altre fi ad effi
gouernatori, & più in sù nel ifteffo parete fi porranno i fette
moti, più alto, i coloriti, poi i lumi, & la profpettiua, la quale
fi eftenderà fotto l'architraue, che è fopra la tefta de i gouernatori. Et quefti fono le cinque parti della Teorica. Mà quelle
della prattica commincieranno fopra il cornicione, nel volto
doue feguiranno le fette parti della compofitione, applicate
à quelle. Et più sù nel ifteffo cielo faranno le fette parti della
forma fin'al foro, la doue fcéde la luce, che alluma tutto il Tépio. Il quale fe ben cofi chiaro, & luminofo, non può però effer veduto, fe non da chi è dotato di quel dono diuino, che
accompagna folo quelli che fono nati con queft'arte, cioè che
non l'hanno co'l ftudio folo acquiftata, mà che ne furono dalla ifteffa natura fegnalatamente priuilegiati. Ne però voglio
dir io, che quefta mia Idea non fia per piacere à tutti, mà dico
ben, & sò che mi fi concederà, che folamente quefti tali alta-
mente penetreranno in lei, & fcorgeranno i mifterij afcofti, fi
come quelli che hanno le mani prontiffime al feruitio del fuo
ingegno. Hora tornando alla forma de i noftri gouernatori
dell'arte

Materia di cui fo-
no formati nel tempio
i Gouernatori del-
la pittura.

Qualità di ciafcu-
no de i Gouernato-
ri conformi à qual-
che pianeta.

Idea del tempio di
pittura da chi per-
fettamente fia per
effere comprefa.

dell'arte, che co'l loro chiarissimo splendore, hanno di modo scoperto l'eccellenza dell'arte, che molti i quali hanno seguita & seguono le vestigia loro, sono diuenuti famosi, di quali alcuni saranno con laude nominati, in questa mia pouera, mà altissima Idea, da me ritrouata, ad honore dell'Italia, & della pittura. Quella del primo è fatta di piombo con cui si viene à

Michel Angelo formato del metalo del primo Gouernatore.

mostrare la salda, & stabile contemplatione in Michel Angelo Bonarroto Fiorentino, il quale fù pittore, scultore, statuaro, architetto, & poeta, imitatore di Dante, come si vede ne i suoi versi i quali si leggono nel Varchi, & molti né conserua appresso di sè il Caualier Leone Leoni Aretino statuaro. Nel suo piedistallo sono scolpiti i pittori, & scultori suoi contrarij i quali

Pittori contrarij il Bonarotti. Gaudentio formato del metallo del secondo Gouernatore.

sono petulanti ansiosi, tediosi, melancolici, tristi, ostinati, rigidi, disperati, bugiardi, inuidiosi, & simili. La statua del secondo gouernatore, e fatta di stagno con cui si viene à significar in Gaudentio Ferrari la maestà, la quale egli mirabilmente espresse nelle cose diuine, & ne' misteri della fede nostra. Nacque costui in Valdugia, & fù pittore, plasticatore, architetto, Ottico, Filosofo naturale, & poeta, sonator di lira, & di

Pittori contrarij al Ferrari.

liuto. I pittori à lui còtrarij che có gli altri si nomineráo in parte nel terzo capitolo seguente, doue si tratterà del moto, sono parimenti intagliati di basso rilieuo nel suo piedistallo, & sono auari, tiranni, vili, & abietti. Quella del terzo, è di ferro,

Polidoro formato del metallo del terzo Gouernatore. Pittori contrarij al Caldara.

con cui si rappresenta in Polidoro Caldara da Carauagio, la grandissima furia, & fierezza ch'egli diede alle sue figure. I cótrari à lui, scolpiti parimente nel suo piedistallo sono impetuosi, arroganti, audaci, & ostinati. La statua del quarto è d'oro, che dimostra lo splendore, & l'armonia de i lumi in Leo-

Leonardo formato del metallo del quarto Gouernatore.

nardo Vinci Fiorentino, pittore, statuaro, & plasticatore peritissimo di tutte le sette arti liberali, suonatore di lira tanto eccellente, che superò tutti i Musici del suo tempo, e gentilissimo Poeta, il quale hà lasciato scritti molti libri di Matematica, & di pittura, de i quali hò di sopra fatto mentione.

I suoi

I suoi contrarij scolpiti nel piedistallo sono imperiosi, ambiziosi, & vanagloriosi. Quella del quinto è formata di rame, con la quale si accenna la gentilezza, la venustà, la gratia, & l'amabilità in Rafaello Sancio da Vrbino, pittore, & architetto grandissimo; & hà i suoi contrarij scolpiti nel piedistallo, che sono ingannatori, insidiosi, arroganti, & di sozzi costumi. La statua del sesto è d'argento uiuo congelato, che significa la prudenza arguta in Andrea Mantegna pittore Mantouano & hà i suoi contrarij nel piedistallo, che sono fraudolenti, machinatori maluagi, & pronti al male. Quella dell'ultimo è fabricata d'argento con che si dimostra la temperanza singolare in Titiano Vecelio da Cador, rarissimo pittore, & i suoi auuersari intagliati nel piedistallo sono instabili, incerti, & lontani dalla vera cognitione delle cose naturali.

Pittori contrari al Vinci.
Rafaello for.º del metallo del quinto Gouernatore.
Pittori contrarij à Rafaelo.
Andrea Mantegna formato del metallo del sesto Gouernatore.
Pittori contrarij al Mantegna.
Titiano formato dl metallo del settimo & vltimo gouer.ᵗᵉ
Pittori contrari à Titiano.

Del fondamento delle sette settenarie parti principali della pittura, & da chi elle si reggano. Cap. 10.

SEtte Gouernatori habbiamo fin qui collocati nel nostro tempio, che quasi colonne lo sostentano. Hora perche sette anco sono le parti principali della pittura che di già habbiamo detto esser proportione, moto, e le altre, & in ciascuna di loro sette maniere eccellenti tutte, e degne d'imitatione si ritrouano, si come sette sono i Gouernatori, che tutti hanno hauuto vna particolare, e propria lor maniera di dar per essempio proportione, moto, e co   re; anderò discorrendo pe tutte, esse sette parti, notando in ciascuna di loro i suoi sette Generi, ò vogliamo dire maniere, & applicandol' e à suoi Gouernatori. Mà prima habbiamo da sapere che il fondamento di tutto, cioè delle parti principali, e de i suoi generi, sopra il quale ogni cosa come sopra saldissima base si riposa, & onde

deriua

Euritmia chiamano i Greci il disegno.

Disegno entra per tutte le parti della pittura cō ragione.

deriua tutta la bellezza, e quello che i Greci chiamano Euritmia, e noi nominiamo difegno. Perche egli entra, e penetra per tutto fecondo le fpetie, & parti della difcretione, come di parte in parte anderò dichiarando ne i feguenti capitoli. Et perche fe ben ciafcuno de i gouernatori hà la fua propria maniera che corrifpóde alla natura del pianeto al quale l'habbiamo paragonato, & fottopofto, tutta via hà participato anco della maniera dell'altro chi più, e chi meno, come nel penultimo di quefta Idea tratterò alcuna cofa di quefto, accioche fi fappia come tanti generi fi hanno di ritirare adun folo, e che in quefto confifte tutta la fomma dell'opra. Comincierò dunque primieramente dalla proportione che è la prima parte, & è collocata al fondo delle fette pareti del tempio circolare, ferbando l'ifteffo ordine in tutte le altre parti.

Gouernatori del tempio fottopofti à pianetti.

Delle fette parti, ò generi della proportione.
Cap. II.

COminciando dalla prima parte della pittura, che è la proportione facilmente è per comprendere ognuno mediocremente intendente di queft'arte, quanto ella fia differente in ciafcuno di quefti grandi artefici. Percioche il Bonarroto il quale è il primo Gouernatore hà dato alle fue figure la proportione di Saturno facendo la tefta, & i piedi piccioli, & le mani lunghe, componendo le membra con grandiffima ragione, & formandole con larghezza, & rilieui mirabili, fecódo la profondità dei i mufcoli grandiffimi, ferbando l'ordine del difegno, e della notomia, di cui è fcritto che foleua dire la proportione douere effere ne gli occhi à gli huomini, accioche fappino drittamente giudicare ciò che vedono. Il Ferarè che è il fecondo gouernatore hà feguitato la proportione di Gioue, dando à i fuoi corpi gratia, & dignità, & formandogli

Proportione di Saturno in Michel Angelo.

Proportione douer effere ne gli occhi à gli huomini.

Proportione Giouiale in Gaudécio.

con

con muscoli delicati conuenienti alla natura di Gioue. Poli-
doro terzo gouernatore, hà tenuto la proportione di Marte, pportione di Marte in Polidoro.
cioè grande, terribile, & fiera molto simile alle figure antiche
principali, che si veggono per tutta Roma, e fuori, & in somma
conforme alla natura di Marte. Il quarto che è Leonardo hà Proportione Solare in Leonardo.
seruato la proportione del Sole, e cosi perfettamente la posse-
deua che ne hà scritto diuersi libri oue hà disegnato tutti gli ar
ti d'un corpo. Oltra che hà disegnato la notomia, la proportio Proportione dell'huomo, & del cane de i caualli, & lo scorticamento de membri humani, con uallo disegnate da
tanta diligenza, e rilieuo, che io tengo certo, niun altro poter- Lionardo.
lo agguagliare fuor che il grande Apolline Dio, & gouerna-
delle scienze. Rafaello quinto gouernatore hà seguita la pro- Proportione Venerea in Rafaello.
portion di Venere, come più ragioneuole, & conueniente del
l'altre proportioni. La onde anco gli antichissimi Matematici Babilonij i quali attribuirono à ciascun de i Pia-
neti vn animale di natura à lui conforme come à Saturno il Animali dedicati à
Drago per la terribiltà, à Gioue l'Aquila per l'altezza, à Mar- Gouernatori celesti.
te il Cauallo per la fierezza, al Sole il Leone per la fortezza,
à Mercurio il Serpe per la prudenza, alla Luna il bue per l'humanità, à Venere attribuirono l'huomo per la ragione con la
quale egli che nasce animale ragioneuole dee reggere e mode
rare tutti i suoi affetti. Et si come ogn'un de i Gouernatori del
nostro tempio corrisponde adun de i Gouernatori del Cielo,
cosi à ciascuno si può applicare vno di questi animali. Hora
Rafaello in questa proportione Venerea è arriuato à tal segno, che si può dir marauiglioso spetialmente per hauerla con
singolar giuditio, & discrettione data alle sue figure secondo
ogni qualità, & grado. Il sesto che è Andrea Mantegna, hà Proportione Mer-
hauuto la proportione sottile Mercuriale, & è stato in sua ma- curiale in Andrea
niera leggiadro suelto, & recondito. In Titiano vltimo go- Mantegna.
uernatore è stata la proportion Lunare diuersa secondo i va- Proportione Lunare in Titiano.
ri soggetti naturali che gli veniuano alle mani per rappresen-
tare.

Delle

Delle sette parti, ò generi del moto. Cap. 12.

IN questa parte non men difficile che importante nel pittore, se ben diuersi parimenti sono stati fra se questi grandi, tuttauia in generale sono stati simili, & concordi tutti in esprimere il moto in forma piramidale di foco, & fuggire gli angoli acuti,& le linee rette, come principalmente si vede c'hà osseruato sempre il primo di tutti Michel Angelo, che già mai nò gli hà vsati. E da qui nasce tutta la gratia che si vede cō tanto diletto dell'occhio nelle figure loro. La quale nò s'acquista però con forza di studio, & d'arte solamente, mà si hà principalmente per dono di natura. Onde si vederà, che qualunque affetti occorrerà al pittore nato con questa dote accompagnata però dall'arte, di esprimere anco scelerati, & vitiosi, se ben saranno diuersi, nondimeno saranno sempre riconosciuti per opera di maestra & eccellēte mano per questa gratia. Et per il contrario chi è priuo di cotal dono, sia pur quanto vuole profondo nel disegno, non potrà mai formare i moti gratiosi, mà gli riusciran sempre rigidi, & dispiaceuoli. Mà si come in questo sono stati i Gouernatori simili frà di loro, così nel resto sono stati come dissi da principio dissimili, perche il Buonarroto hà espresso i moti della profonda contemplatione, dell'intelligenza, della gratia, del giuditio, della ferma speculatione, del saggio proposto, & immobile. Il Ferrari hà dimostro i moti della maestà religiosa, della prudenza, della temperanza, della pietà, della giustitia, della gratia, della fede, dell'equità, e della clemenza. Polidoro hà espresso il non smarrito perdimento d'animo, la fortezza dello spirito, l'ardore dell'animosità, la forza di fare, & l'inconuertibile vehemēza d'animo. I moti del Vinci sono della nobiltà dell'animo, della facilità, della chiarezza d'imaginare, della natura di sapere, pensare, & fare, del maturo consiglio congiunto con la beltà delle faccie, della giustitia, della ragione, del giuditio, del separamento

delle

delle cofe ingiufte, delle rette, dell'altezza della luce, della baffezza delle tenebre, dell'ignoranza; della gloria profonda della verità, & della carità regina di tutte le virtù. Rafaello hà rapprefentato i moti dell'amor feruéte, della fperanza, della foauità, della venuftà, della gentilezza, del defiderio, dell'ordine, della concupifcenza, della beltà vniuerfale, del defiderio, del auuerriméto, della grandezza del tutto, efprimendo in tutti la diuinità, la maeftà. Nel Mantegna fi vedono i moti della prudenza, della viuacità del fare, della faldezza, della chiarezza, dell'argumento, del vigore di fapere, dell'acutezza dell'ingegno, del difcorfo della ragione, del pianto, & della mobiltà veloce, e riftretta in fè. Finalmente Titiano hà rapprefentato i moti della confonanza del tutto, della facondia, della forza di operare, & di far gran cofe, della temperanza moderata, con le arie delle genti più nobili, & altri moti i quali come men fegnalati cofì in lui come ne i predetti non mi paiono degni d'effer notati.

Rafaello, & fuoi moti.

Andrea Mantegna & fuoi moti.

Titiano, & fuoi moti.

Delle fette parti ò generi del colore. Cap. 13.

NON fi fcorge minor diuerfità in quefti grandi huomini nella terza parte della pittura che è il colore di quello che habbiamo notato in loro nella proportione, & in quefta diuerfità non manca però in alcun di loro l'eccellenza. Primieramente il Buonarroto nel fuo colorire ha feruito alla furia, & profondità del difegno, lafciando in parte la qualità de i colori, e reggendofi folamente dietro al grillo, & alla bizaria. Onde hà fatto in vniuerfale le figure tanto belle, & robufte cóforme all'intention fua che ognuno il qual le vede, per intelligente che fia, confeffa non poterfi far di più nel difegno, & nel colorito, di quello che egli hà fatto in tutte le opere fue mà fegnalataméte nella facciata del giuditio, la quale quanto più fi cótempla tanto più fempre fi fcuopre bella, & marauigliofa

Colore di Michel Angelo.

confi-

confiderando minutamente gli ſcotti mirabili, & gli artificij diuerſi, che vi ſon dentro, che gli fà dar vãto della più nobile, & eccellente opera che ſia ſopra la terra. Gaudentio hà ſeruito all'ornamento, & come che in tutte le coſe vniuerſalmen e ſia ſtato ornatiſſimo coloritore tutto ciò per ſpecial dono della natura è ſtato marauiglioſo nel eſprimere tutte le ſorti di panni con gratia coſì di velluto, d'ormeſino, & d'altri drappi di ſeta, come di tela, & di lana con tanto diſegno, & furia, che niun altro è per poter mai agguagliarlo. Et ne i diuerſi cangianti, ne i pãni reali, & ſpetialmente nelle falde, & inuogli, hà imitato coſì felicemente il naturale & il vero, ſfoggiando, & capricciando in mille modi, che chi non vede, difficilmente è per crederlo. Altrimenti di quello che hà fatto il Buonarroto, il qual è ſtato ſolito far i pãni che paiono attaccati à i muſcoli ſe ben nel cielo delle Sibille, & de i profeti hà tenuto vn' altra via più gagliarda, & terribile, ſì che i panni cõ due falde rauuolgono tutta la figura. Hà di più Gaudentio hauuto grandiſſima gratia nel far i caualli, i cameli, & gli altri animali, talmente che pare che foſſe nato propriamente à queſto, & ne i capelli è ſtato leggiadriſſimo. Polidoro hà uſato, & introdotto prima di tutti il colorire chiaro, & ſcuro, come di marmo, di bronzo, di oro, & d'altri metalli, di pietre, & di tutto quello in ſomma che occorre al pittore di fare. Nel che è ſtato unico al mondo, rappreſentando in tutti i modi le arie, & i geſti delle principali antichità che ſi ritrouano in Roma, & i giuochi, i ſacrificij, i trionfi le battaglie, & i trofei da lui eletti come coſe più difficili dell'arte. Oltre di ciò è ſtato feliciſſimo inuentore di groteſchi, & gl'hà eſpreſſi con tanta facilità che tengo certo niuno altro eſſer che lo pareggi. Ne gli habiti finalmente, nell'arme, ſcudi, brochieri, & altri inſtromenti appartenenti alla guerra, hà occupato il primo grado d'eccellenza. Ne voglio qui tralaſciare che'l dipingere ſopra le facciate come hà fatto per lo più Polidoro fù introdotto primieramente

Colorar di Gaudentio.

Profeti, & Sibille del Bonarroto.

Colorar di Polidoro.

ramente da Cefare Augufto. Perche prima di lui non fi troua che i pittori dipingeffero fopra le facciate, mà folamente fopra le tauole. Onde n'auueniua che erano pagati con grandiffimo prezzo, & l'arte era in fomma riputatione. Et poi cominciò à poco à poco adauilirfi, quando Augufto fece dipingere e cafe, e caualli che portauano le robbe intorno, à tale che adeffo in fino a i luoghi de gli agiamenti fi adornano di pittura. Lionardo hà colorito quafi tutte l'opere fue ad oglio, la qual maniera di colorire fù ritrouata prima da Gio. da Bruggia, effendo certa cofa che gli antichi non la conobbero. E però fi le legge che il gran Protogene da Cauno coperfe quatro volte vna fua pittura, accioche cadédo vna reftaffe l'altra. Il fimil fece Apelle nella fua tanto lodata Venere che durò infin al tempo di Augufto, & fù poi conferuata da Nerone fi tarlata come ella era. Parimenti fe lafciati gli antichi parliamo de moderni tempi, fi vedono à tempi di Lionardo le pitture colorite à tempra. Et io hò hauuto due quadri vno del Mantegna, & l'altro di Bramante cofi coloriti, che haueuano ftefa fopra vna certa acqua vifcofa, i quali io hò nettati, & fattili venire come fe foffero pur hora fatti. Hora Lionardo fù quello che lafciato l'ufo della tempera pafsò all'oglio, il quale vfaua di affotigliar con i lambichi, onde è caufato che quafi tutte le opere fue, fi fono fpiccate da i muri, fi come frà l'altre fi vede nel configlio di Fiorenza la mirabile battaglia, & in Milano la cena di Chrifto in Santa Maria delle gratie che fono guafte per l'imprematura ch'egli gli diede fotto. Di che habbiamo grandemente da dolerci, che opere cofi eccellenti fi perdano, reftandoci folamente i difegni, i quali certo ne il tempo, ne la morte, ne altro accidente farà mai per vincere mà con grandiffima lode, & gloria di lui viueranno in eterno. Coftui nel colorito hà feruito alla grandezza del difegno, & l'hà pienamente confeguita tal che la forma degli huomini, cofi grandi come piccioli hà rapprefentata

E   tata

tata con vna nobil furia di colorito efprimendo in loro dili-
gentemente gli andamenti fuo, dandogli le ombre, & i lumi
variatamente, con veli fopra veli. Et nell'altre cofe minori,
come nelle berre, nelle chiome, ne i capelli, ne i fiori, nell'herbe, ne i faffi, e fingolarmente ne i panni, hà cofi vagamente, &
artificiofamente dato i colori che occhio mortal niente più sà

defiderare. Rafaello frà tutti gli altri è ftato regolato nel di-
fpéfare i colori, e particolarmēte hà vfato fempre di fari panni alquanto più ofcuri delle carni, dando però all'vno, & all'
altro la total belezza, & rileuo, & feruendo fempre accurat-
tamente al difegno, e perciò egli compofe nelle fue figure
tutte le membra con tanta maeftà, e proportione, adornan-
dole di tutte le belezze che nelle pitture di quei famofi antichi fi celebrano, che ne fuperiore ne pari a lui farà mai per ve-
derfi in alcun tépo. Oltra di quefto, fi loda, & ammira principalmente in lui la nobiltà, venuftà, & gratia cofi ne i caualli,
come ne gli altri animali, ne gli edificij, ne i panni, ne i capelli,
nelle berre, & nelle chiome fparfe, e rauuolte, & annodate con

diuerfi giri. Andrea hà colorito con diligenza, & acutezza
d'ingegno talmente che in quefta parte hà di gran lunga fupe-
rati tutti gli altri. Mà frà tutti rifplende come fole frà picciole

ftelle Titiano, non folo frà gl'Italiani, mà frà tutti i pittori del
mondo, tanto nelle figure, quanto ne i Paefi, aguagliandofi
ad Apelle, il quale fù il primo inuentore de i tuoni, delle pioggie, de i venti, del Sole, de i folgori, & delle tempefte. Et fpe-

cialmente effo Titiano hà colorito con vaghiffima maniera i
monti, i piani, gli arbori, i bofchi, le ombre, le luci, & le inondationi del mare, e de i fiumi, i terremoti, i faffi, gli animali, &
tutto il refto che appartiene à i Paefi. Et nelle carni hà hauuto tanta venuftà, & gratia con quelle fue mifchie, & tinte, che
paiono vere e viue, & principalmente le graffezze, & le tene-
rezze che naturalmente in lui fi vedono. la medefima felicità hà dimoftro nel dar i colori à i panni di feta, di veluto, &

di

di broccato, alle corazze diuerfe, à gli elmi, à gli fcudi, e à i
gi acchi, & ad altre fimili cofe, co' i lumi cofi fieri, che la verità li refta di fotto, alle berre, à i fudori d'huomini, & donne vecchie, & giouani e à gli effetti particolarmente d'allegrezza, come fi vede nella fua Venere, & Adone, & nella Da-
nae, che riceue l'oro dal Cielo, e finalmente à tutte le cofe
con tanta naturalezza che non è poffibile che più fi poffa
afpetar da mano, & arte humana.

Delle fette parti, ò generi del lume. Cap. 14.

HAnno parimenti i fette Gouernatori feruata diuerfa ma
niera d'allumare, che è la quarta parte della pittura.
Imperoche Michel Angelo hà dato alle fue figure lume terri- **Lume di Michel Angelo.**
bile, mà che con certa arguzia d'arte finifce à i fuoi contorni
delicatamente, & fà parer i mufcoli, & i rifleffi loro, cò tale artificio fatti, che fi giudicano effere contornati di dietro Gau- **Lume di Gauden tio.**
dentio hà dato vn lume largo, & regolato, con che hà infegna
to il modo che prima non era conofciuto, d'efprimere nelle
figure de i Santi la contemplatione delle cofe celefti, & l'affet
to dell'animo tutto riuolto à riuerire Dio. Polidoro fempre **Lume di Polidoro**
fimile à fe hà hauuto vna maniera d'allumar acuta, fiera, &
Martiale. Leonardo nel dar il lume moftra che habbi temuto **Leonardo eccellen tiffimo ne i lumi.**
fempre di nò darlo troppo chiaro, per riferuarlo à miglior loco
& hà cercato di far molto intenfo lo fcuro, per ritrouar li fuoi
eftremi. Onde con tal arte hà confeguito nelle faccie, & corpi che hà fatti veramente mirabili, tutto quello che può far
la natura. Et in quefta parte è ftato fuperiore à tutti tal che
in vna parola poffiam dire che'l lume di Lionardo fia diuino,
Rafaello hà dato il lume leggiadro, amorofo, & dolce, fi che le **Lume di Rafaello.**
figure fue veggonfi belle, vaghe, & intricare à fuoi contorni,
e talmente rileuati che ftanno per volgerfi intorno, con quella gratia, ch'è propria di lui, ne hanno potuto già mai altri di-

E 2　moftrare

Lume di Andrea Mantegna.

moſtrare. Il Mantegna ſi è appigliato ad vn lume pronto, & minuto mà gratiato armonicamente, & con ſomma melodia riflettato.

Lume di Titiano.

Titiano vltimamente ha vſato vn terribile, & acuto lume, & di qui è ch'egli ſolo con la ſua furia, & grandezza, hà ottenuto la palma ſopra gli altri, nel fare le coſe di rilieuo, ſe ben nel diſegno, & contorni è reſtato di gran lunga inferiore.

Delle ſette parti ò generi della proſpettiua. Cap. 15.

Proſpettiua di Michel Angelo.

REſtaci la quinta, & vltima parte della pittura theorica. Nella quale il Buonarroto è ſtato ſtupendiſſimo, formando per mezzo di lei, tra l'altre coſe gli ſcorti delle figure coſì marauiglioſi che abbagliano gli occhi à chi vuole conſiderare i contorni, le ombre, & i rifleſſi, & il loro artifico inconprenſibile.

Proſpettiua di Gaudenzio.

Gaudentio ne fù anch'egli ſingolarmente dotato, mà in diuerſo modo eſprimendola con vna cotal facilità, & arte, che le coſe ſue paiono fatte ſéza alcun arte, tanto in lui era ſeconda e fauoreuole la natura all'arte, abbellindo il tutto cô vna nobile leggiadria, & vaghezza.

Proſpettiua di Polidoro.

Polidoro in tutte le opere ſue hà moſtrato d'eſſerne ſtato intendentiſſimo, mà particolarmente hà ſeruato di rappreſentare le figure ſecondo l'occhio che hà da mirarle.

Proſpettiua di Leonardo.

Leonardo ſi come nell'altra coſì in queſta parte è ſtato più toſto ſingolar che raro, e ben l'hà moſtrato con tanti trattati, & diſegni, che hà laſciato doppo ſè. E ſoleua egli dire che oltre la proſpettiua, & gli ſcorti era neceſſario ancora, che il chiaro foſſe la più cara coſa che nelle pitture ſi vedeſſe.

Proſpettiua di Raffaello.

Rafaello è ſtato grandiſſimo proſpettiuo principalmente nel collocar le coſe ſecondo il ſuo ordine, come ſi vede nelle ſue architetture, & nelle poſture delle figure alla debita ſua veduta. Et della ragion di queſto collocamento, egli ci è ſtato il vero maeſtro.

Proſpettiua d'Andrea Mantegna.

Il Mantegna è ſtato

to il primo che in tal arte ci habb. aperti gli occhi, perche hà
compreso che l'arte della pittura senza questo è nulla. Onde
ci hà fatto veder il modo di far corrispondere ogni cosa al
modo del vedere come nelle opere sue, fatte con grandissima
diligenza si può osseruare. Titiano in questa parte si sottopo
neua à i modelli fatti di legno, di terra, & di cera, e da quelli
cauaua le posture, mà con distanza molto corta, & ottusa, per
ilche le figure si rendono più grandi, & terribili, & le altre più
indietro molto corte, faccendo quasi vn angolo non solo retto, mà poco men che ottuso.

*Prospetiua di Ti-
tiano.*

Delle sette parti, ò generi della compositione. Cap. 16.

SEguono alle parti della theorica le due della prattica che
sono la composition, & la forma. Nella prima della compositione Michel Angelo si vede essere stato benissimo ordi-
nato ne i corpi per tutte le sue parti, tal che chi vede vna delle
sue figure per piccola che sia, ella gli si repprefenta grande, e
ben proportionata, con le sue misure, come si vede nel cielo,
oue sono i profetti, & le Sibille; di vna maniera così eccellète
ch'io la giudico la miglior che si ritroui hora in tutto il mondo, anco in rispetto alle altre opere di lui medesimo. Perche
nel tremendo giuditio hà vsato vna seconda maniera men
bella, & nella Paulina n'hà vsato vna terza inferiore à tutte
l'altre. Il che fece egli per dar à vedere à tutti la grandissima
difficultà di quest'arte, se ben in tutte hà però espresso vn aria
tanto terribile, fiera, & piena di grauità nelle faccie, che spa-
uenta chiunque le rimira, & chi le ritrahe, ò disegna, trahe in
istrema ammiratione. In Gaudétio ella si vede bellissima spetialmente ne i Cingari che hà dipinto in diuersi modi, nelle
diademe intricate con capriciosa, & vaga maniera, ne i Mori,

*Compositione di
Michel Angelo.*

*Maniere tre diuer-
se di Michel Ange-
lo nel dipingere.*

*Composition di
Gaudentio.*

E 3 ne Pane Paſtori, ne i Ragazzi, ne i vecchi, ne i ſaſſi, nelle ſpelonche, nelle rupi, & in Dio, ne' Santi, e nelle Sante che egli hà dipinto ſi ſcorge marauiglioſa maſſimè nò l'eſpreſſione in de l'aria Diuina, oue egli hà ſuperato quanti mai furonò inanzi a lui, e ſon per eſſere doppò. Diuerſe maniere ſono ſtate ancor le ſue, perche quella che hà tenuto nel ſepolchro di Varallo è ſtata via principale, delicata, & mirabile, & nel rilieuo di plaſtica ancora, & inferiori poiſono tutte le altre tenute altroue. Onde chi nò hà veduto quel Sepolcro, nò può dir di ſapere che coſa ſia pittura, e qual ſia la vera eccelléza di lei. Penche iui ſi vede come ſi poſſano rappreſentare viuamente gli affetti, vedendoſi nelle faccie de gli Angioli, che piangono il dolore, & la paſſione, e ne i fanciulli ridenti la feſta, & il giubilo, che la natura più viuamen e non gli dimoſtra. Et ſi vede anco l'eccellenza dell'Archittetura Attica, e la varietà sfoggiata de i fogliami, & de i fregi delle colonne, nella quale egli è ſtato vnico al mondo. Polidoro l'hà dimoſtra perfettamente, nella terribilità delle figure che hà dipinte nelle ſue facciate in Roma, & in Napoli; hauédo nò pur eſpreſſi tutti gli andaméti che gli antichi vſauano, mà aggiuntine molti altri di più, ſecondo i lochi che il capriuio, & grillo gli moſtraua. Leonardo l'hà ſeruata nel eſprimer ſingolarméte la diuinità di Chriſto inſieme con la Virginità nella Vergine, nelle teſte de gli Angioli & anco nel far ritratti, benche appena tre ò quatro ſe ne ritrouino, che habbino finite le teſte. Mà quelli ſono tali che qualunche altro ſia, di chi pittor ſi vuole gli reſta inferiore, come anco in tutte le altre opere ſue cede ogni altra per nobile che ſia, & eccellente. Nella compoſitione de i moti, non è ſtato manco marauiglioſo eſprimendoli nelle faccie con tal efficacia, che ſi vedono ridere, è piangere, con tanto artificio che non ſi può pur intendere non che conſeguire. E la medeſima eccellenza hà moſtrato ancora nel comporre figure brutte e b

Polidoro, & ſua compoſitione.

Compoſitione di Leonardo.

te e monſtruoſe, con beliſſimo, e diuerſo garbo, ſecondo che
ſe l'andaua imaginando con quel ſuo genio che nella Diuinità continuamente rimiraua. Le quali ſono ſparſe per tutto il
mondo, oltra quelle diſignate co'l lapis roſſo, che tiene Aurelio Louino Pittore Milaneſe. Oue ne ſono alcune che ridono tanto alla gagliarda per forza d'vn arte grandiſſima che
appena lo può far l'iſteſſa natura. Finalmente nella compoſitione de i membri de caualli ch'egli rappreſentò in tutti quelli atti, & affetti che naturalmente poſſano fare, e ſtato tale che
ſenza dubio hà ſuperato i migliori antichi, & moderni, tanto
nella pittura, & diſegni quanto nel rilieuo. Rafaello è ſtato feliciſſimo compoſitore di belle donne, & di trezze tanto raſſo-
miglianti al vero, coſi nella bellezza del colore come nell'ac-
conciatura negletta con arte, che la natura iſteſſa non che l'arte non può aggiungere à queſto ſegno. Hà dimoſt ato l'arte
del ben comporre ſingolarmente nei diuerſi Amori, che di-
pinſe nella Loggia Papale nell'incendio di Roma, nel monte
Parnaſo, oue hà fatto vedere inſieme quanto valeſſe ne i ritratti, hauendoui ritratti quanti Poeti furono mai in tutti i
tempi, nella guerra di Coſtantino, & inſomma in tutte le coſe
che ſono vſcite dal ſuo pennello. Hà hauuto particolar talento, & gratia d'eſprimere nelle faccie la venuſtà, la gentilezza, la
leggiadria, & i garbi douuti ne i giouani, e d'imprimere in loro le vere Idee, ſi che non vn ſemideo, ma vn Dio dell'arte à
ſuoi tempi fù tenuto per la bellezza anco, & nobiltà della ſua
faccia, la qual ſi raſſomigliaua à quella che tutti gli eccellenti
pittori rappreſentauano nel noſtro Signore. Similmente ne i
luochi eſpreſſe diuinamente la gratia, & maeſtà, e ne i fanciulli la tenerezza, e doue ſi richiedea la laſciuia, & la vaghezza,
come del coppier Ganimede, e ne i veſiti il garbo, & la gratia, ſi che pare che in altro modo la figura non ſi poſſa gratio-
ſamente veſtire. Nè fù minor del Vinci nella compoſition de
i caualli, e degli altri animali. Onde ſi può dir con ragione

Faccie monſtruoſe
di Leonardo ap-
preſſo Aureglio
Louino.

Caualli vnicamen
te diſegnati da Lio
nardo.

Compoſitione di
Rafaello ſingola-
re.

o   E 4   che

che tutta la grandezza & perfettion dell'arte fosse raccolta in
lui, e che Dio ci lo dasse per vna merauiglia del mondo, la
quale in breue tempo poi ci la ritolse, perche d'età d'anni 37.
finì la vita, in vn giorno di Vener Santo nel quale era anco nato con dolore vniuersale per la dolceza de i suoi costumi, & per il desiderio che egli haueva d'insegnar l'arte à gli altri
e cómunicarsi quei doni che egli haueva dalla natura hauuti.
Onde era sempre corteggiato da pittori, e però uienne che
vna volta abbatendosi in Michel Angelo, ch'era solo doue

Moti scambievoli di doi grandissimi Pittori.

egli era accompagnato da molti, disse gli Michel Angelo che
credeva d'hauer incontrato il bargello, & egli rispose che credeva d'hauere incontrato il manigoldo, perche egli và sempre solo come faceva il Buonarroto. Il Mantegna ne i suoi

Compositione di Andrea Mátegna.

trionfi, & in tutte le opere sue che sono sparse per l'Italia, &
in molte altre parti del mondo, hà dimostro vna minutezza,
& diligenza esquisita nelle membra sua, tanto nelle figure
grandi, quanto nelle picciole. Et in questo è cosi singolare
che pare à questo solo dalla natura fatto è distinato. Ma nó è
stato minore nel comporre gli affetti, come si vede ne la Vergine Maria che egli hà dipinto piangente il suo figliuolo è nel
le altre Vergini, & in Santo Giouanni, ne i quali tutti hà
espresso il dolore, & il pianto cosi naturalmente che non è
possibile che altri faccia di meglio. Cosi ne i Tritoni che vanno per il mare, egli hà finto le buccine in bocca, & quelli che
soffiano dentro con tanta forza d'arte, che più viuamente non
si può mostrare il grande sforzo che fanno nel soffiare con lo
sgonfio delle mascelle, e la picciolezza de gli occhi, come hà
fatto anco ne li suoi Baccanali, & ne i Satiri che soffiano ne i

Compositione di Titiano.

ciuffoli. Titiano hà conseguito il vanto del comporre, & collocare i ritrati, con che hà dato loro tanta maestà, & bellezza
che di gran lunga auanza la natura, come hanno notato tutti
gli intendenti. Et di qui parimenti è venuta quella fierezza,
& quel rilieuo che si vede in tutte le opere sue, della quale
in

In molti luoghi mi occorrerà di far mentione.

Delle sette parti, ò generi della forma. Cap. 17.

REsta la seconda parte prattica della pittura, & vltima di
tutte sette che è la forma da noi collocata sopra il cielo
del tempio. La cui diuersità m'è parso di poter più chiaramen
te dimostrare, dando in ciascun de i Gouernatori vn animale
di natura conforme alla maniera della forma ch'egli hà segui
tato, accioche sapedosi la natura dell'animale, si sappia di subito quale sia la forma del Gouernatore, à cui è dato. Perche Maniere diuerse
di dipingere per-
che tutte à diuerso
piacciono.
si può ancor có ragion Mathematica come di sopra dissi probabilmente cócludere che la cóformità della natura che hanno hauuto essi Gouernatori con la natura di quelli animali,
habbi cagionato che nel suo dipingere si siano applica i ad
vna maniera di formar le cose à loro cforme. Ne d'altronde
credo io áco a procedere, che frà pittori vno seguiti la forma
d'vn Gouernatore, e quelli d'vn'altro, e fra gli huomini à tale
piaccia più l'una, & à tale più l'altra, se non da questa istessa
conformità di natura. E però se si trouasse alcuno, nel qual
fossero vnite tutte le nature di tali animali, quello sarebbe il
più gran pittore che mai fosse stato frà i mortali, & di quante
più participasse, tanto maggior sarebbe, come si vede ne i
Gouernatori i quali secondo che hanno participato più è me
no della natura anco de gli altri, sono stati più è meno eccellenti. Di che si tratterà poi nel penultimo di questo, oue si ragiona della grandezza de l'Euritma. A Michel Angelo dun-
que hò dato il Drago, di natura terribile, tardo, & prudente. Pitture del Bonar-
rotti piacciano à
quelli che sono del
la natura del Dra-
go.
Perche egli hà dato alle figure sue vna forma terribile cauata
da i profondi secreti dell'Anatomia da pochissimi altri intesi,
tarda mà piena di dignità, & maestà, con le arie, & gli afferri
maninconici quali sono de gli huomini dati allo studio & al-
a contemplatione. E perche egli era tale ancora ne i suoi co- Forma del Buonarroti.
stumi

ftumi, fi può dire che fia ftato frà pittori come vn Socrate. A Gaudentio hò dato l'Aquila, animal che di natura vola più alto di tutti gli vccelli, e di vifta acuta. Perche egli hà dato vna forma all'aria, & à tutto il volto delle fue figure, di bellezza foprana, eccellente, & in ciò hà penetrato con occhio acutiffimo, doue niuno prima di lui era mai arriuato. E perche di coftumi era modefto, & affabile fi può paragonare ad vn Platone. A Polidoro hò dato il Cauallo animal fiero, e terribile, come appunto fi vede effere ftata la forma da lui feguitata nel dipingere tutte le cofe antiche al qual ftudio egli s'applicò tutto. Onde fi può dire che folo fia ftato il vero pittore delle cofe antiche, e che le habbia non pur agguagliate, mà anco auanzate. E perche egli fù nel volto d'aria alquanto fiera, & terribile, fi può affimigliar ad vno Alcide. Al Vinci hò dato il Leone; imperoche quanto quefto animale è più nobile di tutti gli altri, tanto più nobile è la forma di quefto illuftre pittore, che appunto fi come Leone gli altri animali, atterifce tutti, quando fi pongono à mirar nelle fue cofe, & à voler mirale. Hebbe coftui cognitione delle buone arti, è poffedette la miftione dell'vna, & dell'altra, fi come vedefi da molti libri da lui fcritti, & difegnati alla mancina. Hebbe la faccia con li capelli longi, con le ciglia, & con la barba tanto longa, che egli pareua la vera nobiltà del ftudio, quale fù già altre volte il Druido Hermete, ò l'antico Prometeo, & fù cariffimo à molti Principi, mà fommamente à Francefco Valefio primo Rè di Francia, talméteche effédo per morire fù da lui foftenuto nelle braccia, morte veramente gloriofa, poi che gli fucceffe nelle mani d'vn tanto Rè. Al Santio hò dato l'huomo animal rationale. Perche nella fua forma è ftato ragioneuoliffimo, e fopra tutti confiderato, efprimendo la maeftà benigna, & piaceuole propria dell'huomo nelle fue pitture, e nei coftumi hà hauuto l'ifteffa humanità, & piaceuolezza, dilettandofi anco di fcriuer capitoli, & ftanze amorofe, tal che era feguito da i

Pittori de i suoi tempi come vn Oracolo. Hebbe faccia con capelli sparsi sopra le spalle, onde si rendea molto simile al sapientissimo Salomone, tanto risplendeua in lui la vaghezza, & serenità. Al Mantegna hò dato il Serpe animal prudente perche appunto nella forma sua hà dimostrato vna singolar prudenza. Costui dal cacciar de gl'armenti datosi alla pittura arriuò à tanta altezza che dal Marchese di Mantoua fù fatto Cauagliero, & fù d'aria che mostraua accutezza, & cupidità di sapere il vero di quello che egli spiegaua in opera; Onde si assimigliaua ad vno Azeno Arabo, ò ad vno Archimede Siracusano. A Titiano finalmente hò dato il Bue animale essercitato continuamente nell'opra. Perche la sua forma contiene, & dimostra la vera prattica, & ragion d'operare, tal che rimirando in lei, ella si vede tutta perfettamente in quella guisa che l'huomo fisandosi nell'acqua tutto si rimira. O come già dimostrò Giorgione da Castelfranco, la pittura ignuda nella fonte la quale con l'arte s'incontra dal dissotto in sù, & ha di dietro vn specchio che tutta la ritorna per di dietro, & al fianco, hà vn corsaletto lucente che la ripiglia per fianco. Con che vole quel ingenioso pittore confunder coloro che dicono, la pittura non potersi vedere se non à vn modo, facendola vedere in faccia dal disotto in sù, in schena, & in profilo, hauendo tuttauia occhio che in quella fosse vna vista sola, & considerando ancora che nelle statue bisogna cangiar loco, volendo cangiar vista. Era Titiano tale che pareua assimigliarsi ad vno Aristotile, poi che anco, si come quello fù carissimo ad Alessandro Magno, cosi egli fù caro à Carlo Quinto Imperatore. Non lascierò qui di dire che alcuni pittori mi hanno notato, come che in loco di Titiano io douessi porre Antonio da Corregio. Mà non intendono costoro quanta sia la forza del sapere, essendosi tutti dati solamente al fare, il quale non può però essere lodeuole, ne buono se primamente nò s'intède la forza del sapere. Ne sono ancora questi intendenti delle

Forma del Sauio.

Pitture del Mantegna piacciano à qlli che sono della natura del Serpe.

Forma dil Mantegna.
Pitture dil Vecelio piacciano à qlli che sono della natura del bue.

Giorgione dimostra in vn quadro la forza della pittura.

Forma di Titiano

delle regole, & forze Matematiche. Onde non è marauiglia
se nel giudicare dell'eccellenza de gli artefici, drittamente nó
discernono. E non presumo già io di poterne giudicar più faldamente de gli altri, & conoscere essattaméte in che cosa principalmente fia eccellente ciascuno di questi grandi artefici.
Mà dirò bene che à mio parere chi volesse formare due quadri di somma profetione come sarebbe d'vno Adamo, & d'un
Eua, che sono corpi nobilissimi al mondo, bisognarebbe che
l'Adamo fi dasse à Michel Angelo da disegnare, à Titiano da
colorare, togliendo la proportione, & conuenienza da Rafaello, & l'Eua fi disegnasse da Rafaello, & fi coloriffe da Antonio da Coreggio: che questi due sarebbero i miglior quadri
che foffero mai fatti al mondo. Mà ritornando al mio primo
proponimento, questa forma cofi colorata di sopra nel Cielo
del tempio fi potrà per il foro che alluma tutto il tempio, & le
sue parti difcendere, & vedere quale fia la vera forma della
pittura da quelli i quali faranno nati pittori, cioè dotati naturalmente di quelle parti che fono necessarie per effercitar cotal arte. Percioche à questi foli, e non ad altri farà conceffo
nel contemplar questa Idea del mio tempio l'intendere perfettamente tutta l'arte, & lodeuolmente metterla in prattica
aggiungendoui la descrittione di cui fon per dire nel feguéte
capitolo. Oue moftrerò quali fiano le sue parti, e come habbino da concorrer tutte à formare il buon pittore collocandola nel foglio del tempio. Nel quale ella fi potrà chiaramente vedere da qualunque entri nel tempio con defiderio di intendere, & miri attentamente tutti i Gouernatori che reggono il tempio a guifa de i Gouernatori del mondo, & tutti i
suoi modi di fare. Onde fi verrà à fcuoprire quale fia l'arte vera di operare con arte, non dimoftrando nell'arte, alcun arte.
Il che fi come è il più difficile, cofi è il più bello, & il più lodato che fia in ciafcun arte.

Della descrittione della pittura e delle sue parti. Cap. 18.

LA descrittione prima, & principal parte della pittura la quale è collocata nel pauimento del tempio insegna l'arte di disponere nel più bello, & ragioneuol modo tutti gli altri generi, secondo che l'ordine, & la specie di ciascuno richiede, & in somma dà il modo, & l'ammaestramento vniuersale di componerli insieme, & rendergli vniti sì che paiano tutto vn corpo, senza il che che restarebbe ogni opera scatenata. Le sue parti sono la dispositione, l'ammaestramento, la distributione, la vnione del tutto, & la compositione vniuersale. La dispositione non è altro, che vn atta collocatione delle cose, & vn conueneuole effetto nelle compositioni dell'opere le quali vuol il pittor disporre secondo la natura loro, le qualità, la parenza, l'effetto che hanno da fare, la forma, & la similitudi- che debbono hauere. Et è questa consideratione tanto necessaria, che senza lei non si farebbe mai atta collocatione, ne mai si scorgerebbe il conueneuol effetto in alcuna compositione, anzi il tutto andarebbe arouescio. L'Ammaestramento vniuersale, è in tutte le opere che si fanno, la vera, & propria sicurezza di non errare. Le sue parti sono l'Auuertenza, l'Essempio, il Paragone, la Differenza, il Modo, il Maneggio, & l'Historia. L'Auuertenza è quella virtù che non ci lascia incorrere ne gli errori quando operiamo, imperò che ella gli proude, & ci mostra i ripari contra quelli, & questa non si fà senza cura, & continuo studio nelle opere. L'essempio è vna certa guida che ci accompagna in tutte le operationi in cui vegniamo à farci sicuri di quanto operiamo. E questa sicurezza con la scorta dell'essempio non si può conseguire senza grandissima patienza, & risguardo del tutto in qualunq; cosa si fà accompagnata con la memoria delle opere già perfettamente fatte da altri. Il Paragone è proprio quella proua, & esperienza

Differenza, & sue parti.

Dispositione prima parte.

Ammaestramento seconda parte.

Parti dell'Ammaestramento.
Auuertenza prima parte dell'Ammaestramento.

Essempio.

Paragone.

esperienza con la qual ciascuno si assicura nel operare, non sta in alcuna cosa ambiguo. Imperoche la prouà solamente è quella che rende il pittor certo è sicuro quando opera cosi in disponere come in condurre felicemente il suo disegno, & chi per altra via procede camina come suol dirsi alla ventura nel buio, sperando di far vna cosa che poi si conuerte in vn'altra. Per conseguir questa parte, bisogna che l'huomo si persuada di sapere se non quanto ei sà, e non vaneggi per ambitione in riputarsi di più di quello che è nel vero.

Differenza. Differenza è quella cosa per la quale si discerne, & auuertisce l'amicitia, & inimicitia delle cose; poi che alcune sono che si accordano, & altre che non cosi per natura, come per bellezza, & effetti, & in questa bisogna risguardar attentamente per essere vna chiara cognitione delle cose, che si pongono in opera & vn giudicio puro, & essecutiuo, per il quale il tutto debitamente si accorda, & vnisce.

Modo. Modo propriamente è la sicura strada doue si ha da caminare in tutte le operationi, imperoche egli ci scorge in le vie, & le regole tutte di conseguir la perfettione dell'ammaestramento. Ma per questa strada non si può gire senza hauer prima cognitione delle cose che si voglion fare, & essa dà poi la legge del facile, & del difficile, & il giudicio di pigliar partito del meglio. E quiui bisogna esser molto essercitato, & esperto nelle osseruationi delle opere perche altrimente egli non si intenderebbe.

Maneggio sesta parte. Il Maneggio concorre anch'egli co'l documento si come quello che solo secondo la ragione l'intende, & parimenti secondo il possibile, ò impossibile. Imperoche egli non è altro che l'isperienza delle cose, e solo comprende il possibile delle opere, & riguarda quelle con pruoua sicura secondo il modo della essercitacione, e però senza lui non può essere il Pittore. Si genera questa dal lungo pratticare, & intendere con patienza, & accuratezza, & dal continuo desiderio d'accordare la scienza, con la prattica.

Historia. L'Historia vltimamente è quella che chiaramente fa vedere, & toccare

toccare con mano la forza dell'ammaestramento, e fa ficuro
effemplarmente il Pittore di quanto hà da fare cofi circa le
inuentioni come circa tutte le altre opere che poffono cadere
fotto la confideratione,& imitatione,& ciò fi fà per la memo
ria delle cofe cofi dipinte, come defcritte. La terza fpetie è la
Diftributione la quale fi efeguifce quando il Pittore ricerca   Diftributione.
nelle fue Pitture il meglio, & il più bello, difponendo le fue
parti con debito modo,fecondo che porta la natura de le co-   Parti della terza
fe che fi vogliono rapprefentare.Le fue parti fono quattro,Ra   fpecie.
gione,Temperamento, Difpenfatione,& Commodo.Ragio-   Ragione.
ne è quella che confidera tutte le cofe come fono,& conofciu
te le diftribuifce fecondo il merito loro, & quefta non fi
acquifta fenza vna perfetta cognitione acquiftata con lunga
efperienza della theorica, & della prattica. Temperamento   Temperamento.
è quello che leua le foprabondanze le quali poffono intricare
le opere, & le pouere e mancheuoli parte arrichifce fecondo
il lor bifogno.In che fi ricerca vno accorgimento grandiffimo
delle cofe à uenire,fi per effere fatte, come per effere vedute.
La Difpenfatione confidera il valore della cofa che fi fà,& in   Difpenfatione.
che loco è fatta, & à chi fi fà. Perilche conforme al decoro,&
conueneuole difpenfa tutte le parti che cadono fotto l'operare. Et quefto non fi può fare fenza fagacità,& longo difcorfo.
Commodo è vna elettion la quale doppò confiderato la na-   Commodo.
tura,& forza delle cofe che fi hanno ad operare fi fà della migliore,& più certa via che conduce à fine, fenza andare erran
do fuor di propofito,& con incommodo di fe, & de gli altri.
Dalla cui ignoranza nafce che vediamo tante opere che non
fi finifcono mai, & altre che vanno tanto al lungo che prima
il principio è guafto,che il fine fi fia introdutto;che non auuer
rebbe fe quefta parte fuffe ben intefa e conofciuta.L'Vnione   Vnione.
del tutto che è la quarta fpecie, fi come quella, che tutte le
cofe debitaméte accópagna nó fi cófegue féza Conueniéza,   Parti della quarta
Cognitione, Riguardo, & Cófideratione.Conueniéza è la   fpecie.
  Conuenienza.

propria

propria corrifpondenza delle parti diuerfamente proportionate,& fatte fecondo le nature,& effetti loro che perciò vengono ad vna: come farebbe per effempio, che vno voglia of-
fendere vn'altro, & quello ciò vedendo fi difenda, ò che
vno fia ferito, & moftri di patire, Et quefto non fi fà fenza
la Cognitione, la quale è quella che cõfidera gli effetti, fecondo che fono, & cofi gli accompagna, & vnifce. Il Riguardo
concorre anch'effo à quefto, peroche egli fecondo che ricerca
la dignità, & maeftà della cofa, fà che le unioni per i lor debiti gradi trafcorrono fenza lafciarle inciamparene gli effetti contrarij fi come per effempio, che vn feruo abracci vn Rè
per di fopra le fpalle, & il Rè ponga lui le braccia fotto le afcel-
le, cofa che farebbe à fatto ripugnante al vnion del tutto. Finalmente la confideratione entra in tutte quefte parti, e tanto
vale, che fenza lei elle non fi potrebbero effercitar, e però bifogna di continuo penfare, & confiderare quefta corrifpondenza, la quale è la vera armonia dell'opra. L'vltima fpecie
di quefto genere è la compofitione vniuerfale, & è quella che
accompagna, & compone infieme tutte le cofe nel miglior
modo che fi può, & fi deue. Et quefta fi confeguifce col mezzo del Decoro, della Poffibiltà, del Difcorfo; & della Cogitatione. Il Decoro non lafcia porre le cofe ne i luochi doue
non hanno conformità di natura, & appreffo non lafcia far
quello ad alcuna cofa che ragioneuolmente non poteffe, e
non doueffe fare. La Poffibiltà infegna a comporre fe non
quello che l'huomo può confeguire, fenza confufione, Imperoche certe cofe fono nella pittura le quali fi poffono fchizza-
re, e paiono tutto il mondo, che poi riducendofi all'operare,
non poffono riufcire fenza difordine. Quindi è che bifogna
accordar infieme il poffibile delle cofe fotto la fua guida, che
è la perfeueranza di operare, & accompagnar la prattica cõ la
fcienza, & appreffo intendere le cofe fecondo l'effer loro, e fecondo che fi poffino difporre nel miglior, & più leggiadro modo.

(margin notes:)
Cognitione.
Riguardo.

Confideratione.

Compofitione.

Parte della quinta
fpetie.
Decoro.

Poffibiltà.

do. Il Difcorfo di è tanto momento alla compofitione che da **Difcorfo.**
lui folo può hauer il pittore la vera, & ficura fperanza, di non
douer nell'imaginatione fua comporre fe non quello che poffa metter in opera.Onde effendo quello che difcorre,& intende il tutto,dee ogn'uno farfelo famigliare,accioche la fcienza
& la prattica habbino il debito accompagnamento, fi che in
vna opera non fi fcorga l'una fuperata dall'altra, mà fiorifca-
no ambedue infieme, di maniera che facciano parere la cofa
non come fatta dall'arte,ma dalla iftefla natura,e letta dall'arte. Vltimamente la Cogitatione è quella grandiffima cura, **Cogitatione.**
ftudio d'induftria, & di vigilanza, la quale è accompagnata
da vna ardente voluntà,di confeguire quanto l'artefice fi hà
imaginato, fenza cui non fperi alcuno di douere già mai fare
cofa buona e lodeuole maffime nelle compofitioni vniuerfali.
Percioche ella è appunto quel fuoco, & defiderio d'honore
che non lafcia che l'huomo fugga alcuna fatica per poterlo
confeguire. Hora tutte quefte fpecie, & parti fue vengono à
formare cofi per theorica come per prattica,tutte le inuentioni dell'arte della pittura. Onde chi non poffederà quefto genere con tutte le fue fpecie,& le parti di ciafcuna perderà tutto il tempo,& l'operà che porrà per farfi buon pittore. E perciò non fenza ragione l'hò collocato nel pauimento del tempio accioche i fette generi già defcritti, & applicati ai fette
gouernatori, fiano riguardati, dalle fpecie, & parti di **Difcretione riguar-**
quefto,onde fi poffa meglio penetrar, co'l fondamento loro **da per le fue parti**
la mia Idea.Hora accompagnando à quefti i fette generi che **i fette generi della**
feguono per proceder fempre infino al fine co'l numero fette- **pittura.**
nario,comincierò à trattare della proportione,& delle fue par
ti,& poi feguiremo di mano in mano à ragionar delle altre.

F   *Della*

Della prima parte della pittura, et delle sue spetie Cap. 19.

Proportione diuer-
ta in due parti.

LA proportione prima e principal parte della pittura, si diuide in due per cui ella in tutti i corpi fà risplendere il disegno, ouero eurithmia, & sono dimandate l'una Vgualità, & l'attra Inequalità. La Vgualità, è quando vna parte non eccede l'altra ne in meno ne in più e di qui elle vengono ad esser dette vguali. E di questa si trouano tre sorti, le quali si denominano da i numeri per i quali si dè ad ogni cosa proportione

Vgualità.

la prima si dimanda numero dispare, la seconda numero pare, & l'ultima numero rotto. Numero dispare, e come il tre, il cinque, & simili che con numeri pari nò si contrano mai. Numero pare è come il due, il quattro, & simili, che solamente per parità crescono, & si cemano. Numero rotto è come vno, & mezo, due è vn quarto, due & mezzo, due è due terzi, due è tre quarti, & simili, che mai non sono ne pari perfetti, ne dispari. E però sotto questo genere di vgualità sempre le cose s'intenderanno in tutte le maniere, e per tutti i numeri vguali, come farebbe per cagion d'essempio dal gomito, alla chiaue della mano, è vna faccia è mezza, e dal medesimo alla spalla, & altro tanto. Questo numero benche sia rotto, e però vguale per essere simile all'una parte, & all'altra. Il secondo genere, detto Inequalità, e quello per il quale tutti i corpi del mondo, si possono misurare, & rendere proportionati, & corrispondenti per numeri, & conuenienze di parti. Questo si diuide in cinq; specie, la prima è chiamata multiplice. La seconda sopra partiençale. La terza non hà nome, nè la quarta ancora, ma la quinta, & vltima si chiamano Multiplice sopra partiente. La Multiplice è quella doue il maggior numero, hà in sè tutto il minore, due tre, quattro, e più volte come per essempio, il due hà l'uno, e chiamasi proportione dupla, il tre, ha l'uno e chiamasi proportion tripla, & il quattro, hà l'vno, & dicesi pro-

Numero dispare.

Numero pare.

Numero rotto.

Inequalità.

Proportione mul-
tiplice.

portione

portione quadrupla. La seconda specie detta sopra partientale, e quando il maggior numero, hà in se tutto il minore, & vna parte di quello, ouer la metà come sono tre à due, & chiamasi proportione sesquialtera, ouero la terza parte, come sono quattro à tre, & dimandasi sesquitertia proportione, ouero la quarta parte, come è il cinque al quattro, & dimandasi proportione sesquiquarta. La terza spetie, e quando il maggior numero contiene in se tutto il minore, & alcune parti di lui: come se il maggior auanzarà il minore di due parti, si chiamarà proportione sopra bipartiente, come sono cinque a tre; mà se auanzarà di tre parti, si chiamerà sopra tripartiente come sono sette à quattro, & se auanzarà di quattro parti, si chiamerà sopra quadrupartiente. La quarta spetie e quella che si compone della multiplice, & della particolare, cioè quando il maggior numero hà in se il minor edue ò tre volte, ò quanto si vuole, & di lui qualcuna parte hauerà due volte quello, & vna meza parte: & allora farà chiamato, doppio sesquiterzo, come sono sette à tre. Et se hauerà tre volte quello & di lui, vna mezza parte chiameraffi proportione tripla sesquialtera, come sono sette, à due. L'vltima specie che si chiama multiplice sopra partiére, e quãdo il maggior numero hà in se il minore più d'vna volta, & di lui più di vna parte, come per esempio, se il maggior numero, abbraccia il minore due volte, & le due parti di quello, si chiama proportione sopra bipartiente, come sono otto, à tre. Et se egli abbraccia tre volte, & le due parti di quello chiameraffi proportione tripla sopra bipartiente, come sono, vndeci à tre. Mà se lo abbracierà tre volte, & tre parti di lui dimandaraffi proportione tripla sopra tripartiente, come sono quindici, à quattro. Queste sono le spetie dei due generi minori della proportione, per le quali essa genera l'Euritmia ouer disegno in tutti i corpi. Il quale non è altro, che quella, somma bellezza, & venustà che procede in qualunque corpo conueniente à lei. E questa proportio-

ne

Margin notes:

Proportione sopra partientale.

Proportione sẽza nome.

Proportione sẽza nome.

Proportione multiplice sopra partiente.

Euritmia ciò che cosa sia, & onde sia causata.

ne e quella che introduce la bellezza, l'utile, il cómodo, & l'or
nato primamente ne i corpi naturali come fra gli animali ra
gioneuoli nelle donne, & ne i fanciulli, & fra gli irragio
neuoli nel cauallo, & ne gli altri quadrupedi, ne gli vcelli,
ne i draghi ne i mostri come i cenocefali gl'Andropofagi i Ri
noceroti i Centauri, & anco ne i semidei, come Satiri Fauni,
Pani Sileni, & simili, & fra le cose in sensate come ne gl'Arbo
ri, Monti, Colli, Piani, Fiumi, Mari, fonti, & in tutto il resto,
che si troua di naturale. Secondariamente dimostra an
cora questa bellezza ne i corpi, & nelle cose Artifitiali, come
sono fra gli edificij, ne i tempij, ne i Palazi, ne i Teatri, & in
tutte l'opere dell'architettura, anco Militare, per cui tutte le
fabriche si fanno con ragione per grandi, & vili che siano. Da
lei parimente procede la proportione de gli habiti, armi, stro
menti, cosi di difesa, come di diletto, & di quante altre cose
possono à questi nostri occhi gradire, & porger diletto. Questa

Proportione che
cosa sia. proportione è quella naturale che si troua ne i corpi perfetti
senza scorti ne fugitiue alcune formate con le sue parti con
sottilissime linee, tirate ragioneuolmente, & non à caso, con le
sue dimostrationi proportionali per le rate parti de i membri,
accioche la cosa paia bella, & sia cómoda. Quindi è che l'anti
chissimo Apelle seguendo Eupópo grandissimo pittore, & Ma

Sentenza d'Apelle rematico, e Panfilo suo maestro diceua, che niuno poteua chia
marsi pittore il quale nó hauesse cognitione della Geometria,
& Aritmetica, dalle quali nascono quáte proportioni, e forme
si possono mai fare. Et questa via fù seguita da i più grandi pit
tori del têpo antico, come vedesi nell'opere mirabili lasciate
da loro, e ne scriuono, e cátano & historici, e poeti tanto anti
chi, quanto moderni, & à tempi nostri è stata seguitata da Leo

Pittori, & matema
tici principalime
derni. nardo, dal Buonarroto, da Rafaello, dal Ferrari, dal Mantegna
dal Foppa, da Bramante, dal Ciuerchio, dal Zenale, dal Pe
trucio, & dal Durero, I quali come grandissimi Geometri, &
Aritmetici hanno proportionate talmente le lor pitture con
fimili

simili ragioni che togliono il pregio, & il valore à tutte le altre opere fatte da quelle che non hanno questi fondamenti, & senza sapere appena che vi siano queste arti non che gustarle diuengono pittori eccellenti solo per vaghezza esteriore di colori. Onde si può dire che nascono pittori all'improuiso come fanno i funghi, mà senza questo sale in Zucca. Perciò debbono questi, & tutti gli altri che aspirano à vera lode osseruare, & seguir le proportioni de i sopradetti nelle lor piante, & forme, perche verranno ad intendere tutti i fondamenti della pittura matematicale, per punti, linee, superficie, & corpi. Auuertendo però à quel detto di Vitruuio intorno alle scienze, le quali vuol ch'apprenda, & possegga l'architetto cioè che non bisogna, che s'affatichino per intenderle tutte perfettamente, mà basta che ne habbino mediocre cognitione. Ne mancheranno loro trattati bellissimi, & chiarissimi di matematici moderni sopra quali possano far studio, e pigliar le vere proportioni, & ogni altra cosa, come sono del Torriano, dell'Inglo, Stadio, del Notradamo, del Cardano, del Moleto, dell'Ottonai, del Tartaglia, del Comandino, del Benedetti, del Pigliasco, del Siglio, del Giuntino, & del Baldino. Questi apriranno loro gli occhi, si che potranno caminare sicuramente senza inciampar in errori, doue altrimenti sarebbero come acciecati, facendo le pitture più tosto à caso con vaghezza sola di colori, che con saldezza pronta di giuditio proportionato con ragione.

Pittori nati come i funghi.

Matematici moderni.

Della seconda parte della pittura, & delle sue spetie. Cap. 20.

I L Moto seconda parte della pittura si diuide parimenti in diuerse spetie, cioè, in Humano, Proportionato, Vegetabile, Elementale, Insensato, & Accidentale. L'Humano è

Moto Humano.

F 3   quello

quello che si dà à i corpi humani conforme al moto, & alla passione dell'animo, come sono per essempio moti allegri, mesti ristretti, & finalmente tutti gli altri che sono quasi infiniti, de' quali se ne discorre lungamente nel secondo libro del mio trattato. Il proportionato è quello che si dà communemente

Moto Proportionato

à tutti i corpi così dell'huomo come del cavallo, & de gli altri animali conforme à quello che naturalmente può far quel corpo. Per lo quale ci si prohibisce il fare che un mébro s'estenda sin doue non può, & ci s'insegna la forma regolare di nó stoppiar li corpi. Il vegetabile è quello che si dà alle fródi à i fiori,

Moto Vegetabile.

frutti, arbori, & herbe. Le quali sono hora rauolte dall'aere che le fà storte, & ora agitate p il vento, che impetuosamóte le percuote, & opprime. L'Elementale è qllo che si dà nell'acqua

Moto Elementale:

gonfia, & fluttuante per l'onde agitate dà i venti, che per ordine ascendono, & discendono cadendo d'alto al basso, con istrepito. Nel fuoco, & nella fiama è dilatato, acuto, et splédente, nell'aria corruscante, precipitoso, oscuro, spauenteuole, & gonfio per le agitationi che fanno in lei i venti, & per le nubi che le congregano. E finalmente nella terra è ruinoso, profondo, &

Moto Insensato.

agitato. L'Insensato è quello che si dà à tutte le cose prive di senso come alle corde, piume, panni, veli, carte, chiome, & altre cose simili che si mouono, secondo che sono mosse dal vento ò d'altra cosa. Et di questi alcuni si chiamano rauolati, come nelle piume ne i veli, & ne i capelli, agitati come nelle corde ne i pani, & portati come nella poluere, nelle frasche, paglie, & simili cose leggieri, che sono leuate dal vento accidentale.

Moto Accidentale

L'ultima specie di tutti è quello che si dà alle cose marauigliose per accidenti come strepitosi nelle occasioni di rouine terribili, & spauentosi in spettacoli di morte ò simili che tutti sono molto diuersi fra di loro, come si dimostra nel libro de i moti. Hor tutte queste specie di moti vengono à formare nella pittura il cómouimento, il quale da i pittori è ancor chiamato furia, & terribilità dell'arte. Et questo è quello che spinge i

ge i riguardanti à cómouersi diuersamente, & appassionarsi à
à riso, à dolore, ad audacia, à stupore, à marauiglia, à spauen-
to, à lasciuia & à gli altri affetti dell'animo, & in sóma gl'incita
& commoue à tutto quello che loro è rappresentato innanzi
con tanto maggior forza, & effetto, quanto più sà il pittore
eleggere i moti migliori, & più appropriati all'effetto che
vuol dimostrar in pittura.

Della terza parte della pittura, & de i suoi generi.
Cap. 21.

IL colorare, che è la terza parte della pittura, si può fare in
sei modi, à oglio, à fresco, à tempra, à chiaro e scuro, om-
brando, & lineando solamente. Il che s'intende in due modi
cioè, ò con lo schizare, ò col lauorare à scraffio. Il colorare ad
oglio, sopra qualunq; cosa al suo proposito ordinata, rappresenta il principio, mezo, & fine della pittura mediante i colori
macinati con oglio di noce, & di spica, & d'altre cose. Il colorar à fresco, che si fà con colori stéperati cól acqua pura, & chiara, rappresenta il medesimo sopra la calce messa di fresco sopra il muro. Il terzo modo di colorar, & che si fà con colori
mischiati con acque viscose, & tenaci, come di oua, colla, gom-
ma, lacce, & simili, dimostra ancora la miniatura. Il quarto modo si fà rappresentando tutti li corpi solamente col chiaro,
& lo scuro, con bianco, & nero, stemperati con oglio, acque,
& sempra come con polue sopra la carta bianca tinta, & sopra
la scura con carbone Apisso ò d'altra cosa oscura con biaca,
& bianchetto per li chiari. Il quinto modo è di ombrar cómo-
i damente le cose lineate, lasciando la materia di sotto per il rileuo come è la carta bianca. Et di questi due modi, si come
quelli che sono più presti, & spediti i pittori se ne seruono per
il cauare da modelli, essempi, & inuentioni delle opere che si

Colorare ad oglio.

Colorare à fresco.

Colorare à tempra

*Colorare di chia-
ro, & scuro.*

*Colorare con om-
bre.*

F 4 hanno

Colorare cõ linee.   hanno à fare, con li colori, per ordine. L'ultimo modo, che è del linear solamente si può fare in due modi cioè, ò co'l poco schizare che è propriamente andar tentando con la penna, ò stile, le inuentioni, le compositioni, i capricci, & le fantasie che sono per farsi, oueramente si può fare lauorãdo à scraffio sopra il muro fresco inbiancato sopra calce meschiata con nero, Il che si fà con vno scrafio di ferro, o d'altro metallo. Et con tutte queste maniere per li colori à ciascuna di loro apertinenti dei quali se ne ragiona nel libro de i colori del mio trattato della pittura, vengono à formare, & dimostrare nella pittura la dif ferenza delle cose che per li colori sono fra di loro distinta mente conosciute in quella guisa che si discernono le naturali. Onde il colorar si può dir la radice della pittura, e quello che gli da la perfettione, se ben ò più or meno gli e la da secõdo il modo del colorare che si adopra or di maggiore, & or di mino

Effetti diuersi del colorare.   re forza. Imperoche il lauorare ad oglio esprime più perfetta mente le cose cõforme alle naturali, & il lauorare a tempra vn poco mãco, & quello à fresco altro tanto se ben è poi tãto più durabile, & sicuro, in modo che si manterrà otto ò diece volte tanto tempo più che non si mantiene il lauorar ad oglio, che presto si corrompe più che la tempra ancora, & questi modi di lauorare eccetto il fresco sono propriamente da giouani effe

Colorar à fresco più nobile de gl'al tri.   minati, massime quello de l'oglio. Mà il lauorare à fresco è quello che porta il pregio, e con cui i più grandi pittori si sono acquistati tutti i suoi vanti, & i suoi honori. Gli altri mo di poi si come priui della varietà de i colori sono da manco di tutti, benche però cosi senza colori habbino tutta la forza dell'arte. Onde è che migliore si giudica vna cosa ben disegna ta che vna vagamente colorita. Mà ritornando alle differen ze che le spetie di questa parte formano, dico che oltre tanti altri effetti che fin hora hò notati, & in molti altri luoghi an derò osseruando, & oltre l'arte de gli scorti, dell'ombre, de i lu mi, delle vesti, de gli sfuggimenti, & delle collocationi ci fa co noscere

noscere, & apertamente vedere con le loro dimostrationi, la differenza ne gli animali rationali, & irrationali, de i colori, & qualità de i capelli, della carne, de i labbri, de gli occhi, delle guancie, del pelo, della pelle, delle piume, delle squame, delle scaglie, dell'vgne, & similmente fra gli huomini fanno riconoscere i Mori da gli altri, & quelli che sono nati in vn paese, da i nati in vn'altro. Anzi in vn istesso huomo, mostra euidentemente le differéze de i colori secondo le passioni dalle quali è agitato, come della paura, della vergogna, del dolore, del pianto, dell'allegrezza, del furore, & simili. Che più? dimostra ancora nell'huomo l'istessa voce, & spirito, poi che rapresentando le cóplessioni dipinge nelle loro faccie, la melancolia, la colera, l'allegrezza, & la paura. Fra gli elementi dimostra il colore nel fuoco i lucignoli, le fiamme gli incendij, ne l'acqua, i fonti, i fiumi, ne l'aere, le nubi, i lampi, i tuoni, i folgori, le grandini, le pioggie, le neui, & le tempeste, e nella terra, le differenze delle pietre come de i grisoliti, diamanti, smeraldi, giacinti, & carbonchi, & dell'altre pietre preciose, & oltra di ciò fà conoscer la sabbia, le scaglie, i sassi, i marmi, il fango, & la poluere, rappresentádo per tutto la densità, oscurezza, & rarità delle materie. Ne i metalli parimenti fà scorgere l'oro diuerso dal piombo, & questo, dal ferro, e l'argento dal rame. Ne i vegetabili vedonsi per lui le differenze da vn albero, all'altro, da vn legno all'altro, da vn'herba all'altra, da vn fiore, all'altro, & dall'vno all'altro frutto. I drappi ancora si conoscono diuersi per li colori. Imperoche d'un modo si rappresenta l'ermesino, di vn'altro il panno, il raso, il taffettà, il damasco, il velluto, la tela, i bigioni, le felpe, i broccati, & le pelli. Ne meno per il colore si distinguono l'un dall'altro gli stromenti, & di qual materia sian formati. Cosi le stagioni principali si comprendono diuerse l'una da l'altra, vedendosi il verno bianco, la primauera fiorita, & verde, la state fruttuosa, & colma de sudori, & l'Autunno bagnato, nel quale impallidiscono, &

caschino

Coloriti scuoprono le differéze delle cose.

Colori diuersi nell'huomo causati dalle diuerse passioni.

Elementi, & loro qualità.

Metalli, & loro qualità.

Vegetabili, & loro qualità.

Drappi, & loro qualità.

Stromenti, & loro qualità.

Stagioni, & loro qualità.

Scoltura non può mostrar la qualità de colori.

cafchino le foglie da gli arbori. Finalmente tutte quelle cose che più importano, dalle quali è sì lontana la fcoltura, che non le può efprimere, felicemente fi efprimono dalla pittura con quefto mezzo de i colori, come l'aurora, il giorno, la fera, la notte, la luce del Sole, il pefce fott'acqua, infino vna pentola calda che fuma, il vento che fciffa, vno fplendore, vna diadema, l'ombra fotto il pefce, che guizza per l'acqua caufata dal Sole, che lo percuote, il neo, & la luce de gli occhi, la nebbia, & fimili, de quali troppo lago farebbe il dire: mà per efprimer

Lauorar à frefco dee effer da tutti feguito.

tutte quefte cofe con prontezza d'ingegno, & velocità di mano, bifogna che'l buon pittore s'appigli alla maniera del lauorare à frefco, perche in quella fi rinchiude la forza della mano, & fi determina breuemente la fua difficoltà, & per quefto v'hà bifogno vn intelletto grande, & intelligente di tutta l'arte. Mà quanto più difficile è quefto modo di lauorare, tanto dall'altra parte è più durabile come poco anzi hò detto. Onde fi ritrouano ancora molti Grotteschi antichi per Roma e fuori

Grotteschi antichi fatti à frefco.

fopra il muro che paiono pur'ora fatti. E veggonfi opere de più antichi pittori infino di Cimabue fatte in quefto modo à frefco. Però lodo i pittori che quefto modo nel loro opera e feguano, vedendo che tutti i più celebrati di quest'arte fe fe fono dilettati quando hanno voluto efprimere grandiffime hiftorie, dalle quali attendeuano maggior gloria che dal riftringerfi à leuar due ò tre figure nelle quali non poteuano moftrar

Grandezza della à frefco, e ad oglio.

la loro eccellenza. Et appreffo à quella hà molto fpirito, & forza il lauorare à tempra, perche all'oglio comodamente fi può aggiungere, & fcemare in cafa propria fopra le opere, onde in ciò non hà meftieri la prontezza del lauorare à frefco, oue conuien fubito fare quello che fi vuole. In quefte due maniere furono fingolari i principali pittori del mondo fi come fegua cide i gouernatori fopradetti, i quali tutti perciò hanno efpreffo ogni forte d'affetto, & moto nelle loro figure tanto felicemente che non l'arte, mà la natura ne pareffe ftata la facitrice.

Ma i più

Ma i più nouelli li vanno accoppiando cõ grandiffimi ftenti e gran fatiche, de i quali non voglio dir altro, come ne anco di quelli che folo ftudiano, & pongono ogni fua cura in coloran esteriormente con fuoi pennelli, le cofe che fanno cõ grandiffima vaghezza, & leggiadria, fenza mirar alle parti più fode che la vera lode gli apportarebbero.

Pittori moderni in che fi occupino.

Della quarta parte della pittura, & delle fue fpetie.
Cap. 22.

IL lume quarta parte della pittura è diuifo in tre fpecie. La prima fi chiama lume diretto. La feconda Rifleffo, l'ultima Rifratto, e tutti quefti lumi fi dimandano primarij. Lume diretto è quello che percuote all'aperto, & per tutto liberaméte trafcorre fopra i corpi fecondo che può più e méno, non toccando quei lochi doue non può giungere. Lume rifleffo è quello che da altri fi chiama fecondo, è quello che dipende da quefto, & va alluminando i corpi efteriormére più remoti cõ i lumi che nafcono fuori de i primi. Rifratto è quello che percuo tendo in vn corpo lucido fi rõpe, & faffi in molti raggi. Et fi diuidono in quefte tre fpetie, perche tre fono gli effetti, che tutti infieme poffono fare, & della qualità d'effi effeti prende noi il nome. Diretto perche l'effetto fuo è di toccar i corpi per diritto, rifleffo, pche fi getta di rimbalzo indietro, & rifratto perche fi rifráge, & diffonde in molti raggi. Per difporre quefti lumi bifognará due cofe hauer, occhio alla difpofitione delle fuperfitie, & alla qualità delle materie. Quanto alla prima fe le fuperfitie fono concaue, & angulari fi richiedono lumi afpri, & acuti, fe fono rotonde foaui, fe piane dilatati, fe eminenti fiebi. Quanto alla feconda bifogna per effempio, frà i metalli, che nell'orb il lume fia acuto, & rifplendente, nell'argento manco, & meno ancora nel piombo. Frà le pietre dee

Lume diretto prima fpetie.

Lume Rifleffo feconda fpecie.

Lume Rifratto vltima fpecie.

Difpofitioni delle fuperficie, & de fuoi lumi.

Qualità delle materie, & de i fuoi lumi.

eſſer

esser maggior nelle preciose, manco nelle altre, fin che nella terra appena appara. Mà nell'acqua, & ne' vetri si ricerca risplendente, & con questa auuertéza si hà da procedere nel dar il lume alle altre cose si come diffusamente se ne discorre nel libro del lume. E dal dispensar questi lumi con tal risguardo

Rilieuo quanto sia necessario all'arte

della natura de i corpi si viene à generar nelle pitture il rilieuo il quale accompagnato con la situatione fà sì che le figure ci si rappresentano come risaltanti fuori delle superficie, anzi propriamente come viue. E di più fanno sì che in tutte le ma-

Qualità di materie come si rappresentano à gli occhi nostri per i lumi.

terie si scorge chiarissimamente la sua natura, & qualità, come la durezza, la morbidezza la trasparenza, la densità, la legerezza, la grauezza il liscio, il ruuido, il fino il grosso, & in somma tutte le qualità naturali delle cose.

Della quinta parte della pittura, & delle sue specie. Cap. 23.

L A prospettiua vltima parte della pittura, cioè delle parti theoriche si diuide in due, l'una si chiama vniuersale, e l'altra particolare. L'vniuersale è quella che mostra come s'hà

Discrettione vniuersale prima specie di prospettiua.

da collocare vna figura sola secódo il luoco oue si pone, & che circóstanze dee hauere, come che vn Rè si collochi in atto alla maestà reale conueniente, & in luoco eminente e soprano che vno non stia in spatio doue non possa stare ò tocchi quello che non può toccare, ne faccia cosa tale la qual facendo occupi quello che hà da far l'altro. La particolare insegna la situatione de corpi secondo la ragion del vedere, mostrando à collocarli giusto in quel modo, & sito come se naturalmente fossero, sì alto, come in basso, & in qualsiuoglia altro luoco, & sito corrispondente all'occhio, & così lontano come vicino, dando loro il debito accrescimento, & perdita: sì che non si faccia vedere ne più ne meno di quello che in verità si potrebbe vedere. Et

re. Et in questo si può dir veramente, che consista quasi tutta l'arte vniuersal della prospettiua. Percioche quanto di lei si può discorrere lungamente tutto in somma à ciò si riduce. Mà io lasciando tutte le difficoltà, & oscurezze, che intorno alla prospettiua si possono, & sogliono considerare da i prospettiui sono per ragionare solamente di quella pura, che appartiene al pittore, & di quella ancor breuemente. Hora questa prospettiua di cui è mestieri al pittore, che chiamo particolare, attende in somma alla ragione del rappresentare i corpi in piano, in qualunque luoco si voglia, ò alto, ò basso giusto in quel modo, come se nello sfondrato e nel piano vi fossero di rilieuo corrispondenti à gli occhi, & per far questo vi concorre l'occhio, l'oggetto, la distanza, & il taglio della piramide.L'occhio per esser quello che riceue la specie, & forma dell'oggetto per mezo de i raggi principalmente si colloca nel piu cómodo luoco, per far che le cose si habbino à vedere, nel miglior modo che si possa. L'oggetto p essere la cosa veduta tanto più appare grande, quáto più è propinquo all'occhio, & tanto più picciolo quanto più è lontano. Perciò affine che si vegga nel miglior modo, che possa esser veduto, e stata introdotta la ragion della distanza, cioè dal mezo dell'oggetto all'occhio. Onde per sfondare i piani, e generar le lontananze, hà da considerare il pittore che l'oggeto viene al nostro occhio per forma piramidale.La quale è quella intersecatione che si fà dall'oggeto, per ciascun suo membro, fra due estremi raggi, che formano nell'occhio il cono della piramide, e váno al cateto dell'oggeto, detto base della piramide. Et questo taglio quanto più si fà appresso il cono, tanto più rappresenta l'oggetto piccolo, & lo destina ad essere lontano, cioè sfondato nel piano, che si uuol dipingere. L'altra specie di prospettiua è quella per cui si generano gli scorti, & fáno sì perfettaméte vedere i corpi come si deue in qualunq; atto. Al che far cócorre il corpo disegnato perfetto, e'l taglio al digradare, secondo la la dispositione del piano, ò parete uolto, accioche si possa fare doue si uoglia il digradato . Appresso ui si ricerca il punto cioè l'occhio, co'l suo raggio centrico ben disposto al più propinquo del corpo perfetto . Per il quale tutte le membra, & parti si fanno andare nel luoco destinato per taglio . Da cui di nuouo elle si trasportano poi nello spatio doue si uuol ordinare lo scorto più, ò meno che si uuole per qualunque atto . Et benche molte altre cose ui concorrano ancora, queste per hora basteranno, massime per hauerne à mostrare l'isperienza . Or queste due specie vengono à generare la profondità nella pittura, la quale non è altro che lo sfondamento de i piani, facendo forza alle parti si che paia appunto che non ci siano . Onde i riguardanti uengono con grandissimo diletto à rimirare il separamēto de i corpi, le lontananze le propinquità, le perdite, gl'accrescimenti, la ragione de i siti, de i vacui & di si cose, nelle quali è riposta tutta la forza dell'arte, & per consequenza tutta la sua difficoltà dipendente tuttauia, si come auuiene in tutte le altre parti da i numeri dell'Euritmia, onde nasce la somma bellezza di tutte le cose .

Della sesta parte della pittura, & della sua spetie.
Cap. 24.

REstano doppo le cinque parti theoriche della pittura le due prattiche, delle quali la prima è dimandata compositione, che si diuide in queste parti, in Ordine, in Collocatione, in Compositiua discreta, in historia, in necessaria, in simplice significante, & in moltiplice significante. L'ordine dimostra à riportar nella prattica tutte le cose secondo che sono insegnae dalla theorica ne i cinque libri, oue delle sue cinque parti si discorre, si come a suo luogo si dimostrerà . La collocatione ci insegna à collocare tutto quello che la mē-

te humana

te humana può imaginarsi, & presentar inanzi à gli occhi nostri, in quei luoghi separataméte che à ciascuna cosa conuiene
per prattica, & ragion di decoro secódo la natura sua. Come
per essempio nei giardini, che sono luoghi di ricreatione d'ani
mo, fa collocare historie allegre, & fauole diletteuoli. Nei té-
pij miracoli, & historie sacre, e cosi ne gl'altri luoghi inuétioni
cóueneuoli, come à suo luogo più distesáméte có molti essem
pij si dimostra. La compositiua insegna secondo la natura, & il
potere delle cose à comporre, come secondo i panni le falde,
& secondo le età, le membra, & le superficie ne i corpi. Et
non lascia che nelle compositioni si veggano sconciamenti alcuni, come che uno si occhi più di quello che può, & mostri di
far una cosa, & facciane un'altra, & altri simil disordini che
ogn'vno che habbi giudicio può inténdere, senza che io più in
questo mi estenda. La historia porge i soggetti di battagiie,
rapine, amori, allegrezze, mestitie, conuiti, disonestà, honestà, assalti, spauenti, naufragij, merauiglie, giuochi, sacrificij,
trionfi, trofei, & di tutte quelle altre cose che nel libro della
compositione distesámente si raccontano. La necessaria compositione dà la prattica del comporre edifici, stromenti, termini, fregi, Grotteschi, lucerne, epitasij, ornamenti, mostri,
panni, ritratti, & altre cose somiglianti. La simplice significante è quella che compone animali, arbori, herbe, frutti, fiori,
metalli, pietre, colori, stromenti. La multiplice significante
compóne insieme tutte le sopradette cose in quel modo che
piace al pittore. Onde se ne vengono à formar fauole, dimo-
strationé significati, come si di medaglie, imprese, armi, em-
blemi, insegne, ietoglifici, & qualunque altro concetto che
cada in mente al pittore, fa che si rappresenta, come fecero già
il fauoloso Esopo, Ohidio, & Apelle, la Calunnia. Con queste
parti si viene có mirabil modo à formar la dimostratione nella
pittura in tal guisa, che qualunque la riguarda scorge in ogni
cosa la gentilezza tutta cósiste nella cóuenienza, nella maestà,
iboq   & nell'

& nell'espressione dell'intento di chi opera, & dimostra. Perciache di qui principalmente si conosce la furia del suo concetto, il capriccio, l'abondanza, e pouertà sua, l'intelligenza ch'egli hà hauuto nella dimostratione, la prontezza sua, il modo di fare, la cura, & l'artificio di asconder l'arte, dimostrandola tuttauia, & molte altre simili qualità, che non occorre ricordare ad una, ad una à gl'intendenti.

Dell'ultima parte della pittura, & sue specie. Cap. 25.

LA forma ultima parte in ordine, ma principale per scienza, & prattica dell'arte nostra, è quella con cui si dimostrano le forme esteriori delle cose che di necessità si debbono sapere, per potere con'ordine rappresentare tutto quello che può cadere nella imaginatiua, & da occhio può esser veduto.

Forma, & sua specie.

Anatomia prima specie.

Contemplante seconda specie.

Di lei sono molte specie, cioè, Anatomia, contemplante, significante, visibile, naturale, imaginabile, fabricatiua, spirale, & accidentale. L'Anatomia è quella che nel corpo humano, ò altro qual si uoglia corpo compone le membra, l'osso, & tutto ciò che si richiede per formarlo perfetto. La cōtemplante è quella che per mezo della contemplatione, & dello studio delle sacre scritture insegna la forma armonica dell'istessa forma de gl'Angioli, de i noue cori, della militia celeste, delle potenze, delle intelligenze, & de i custodi nostri, dell'ordine animastico, della Vergine Maria, de i Santi, delle Sante con la loro gratia, & le altre sue circonstanze. La significante con-

Significante terza specie.

tiene la forma del mondo, delle immagini celesti, de i dodici segni, di Saturno, di Gioue, & delle altre stelle erranti, che chiamiamo pianeti. Et medesimamente di tutte le imagini elementali, che sono infinite, e di molte ne ragiono altroue. La

Visibile naturale quarta specie.

visibile, cōtiene la forma dell'huomo, della dōna, de i quadrupedi

pedi

pedi, de gl'vcelli, de i reptili, de gl'acquatici, de i moftri, de l
paefi, de i fiumi, de i mari, con tutto quello, che in loro fi contiene, de i metalli, delle piante, de i fiori, de i frutti, delle herbe, de i faffi, & de i fochi. L'imaginabile è quella che riguarda la forma de i Numi de i gentili, & delle altre cofe ritrouate
dalla imaginatiua noftra, come fono i Pani, i Fauni, e le
Ninfe. La fabricatiua ci dimoftra fecondo le varie nationi,
e fecondo i diuerfi Tempij antichi, & moderni la forma
de gl'edificij, poueri, mediocri, fuperbi, profani, & reli-
giofi, fecondo l'ordine di ciafcuno. Et appreffo quefto infegna la forma de i veftimenti, dell'arme, de gli ftromen-
ti bellici, cofi antichi, come moderni, de i muficali, de i
neceffarij, & de i comodi al noftro ufo per uiuere, & per l'arte. La fpetie fpiritale è de i Diauoli della terra, & dell'Inferno, delle furie, de i Cerberi de i Caronti, di Lucifero, & de gli
altri i quali e ben che i lafciamo la giù. L'ultima fpecie detta.
Accidentale è la forma de i folguri, delle faette, de i lampi, de
i fuochi, delle comete, de i tuoni, de i Prodigi, de gl'Augurij,
& di fimili, che fi veggono per accidente, & fi leggono nelle
hiftorie. Tutte quefte fpetie di forme vengono à generare nella pittura la rapprefentatione vniuerfale delle cofe diuine,
celefti, mondane, imaginate, penfate, fatte, infernali, & meragliofe. Le quali cofe, non fi poffono fapere, & fpeculare, fenza
grandiffimo ftudio che fi faccia ne i libri di facra fcrittura, di
matematica, di Poefia, di hierogrifici, d'hiftorie, d'Architettura, d'anatomia, & di molte altre fcienze, & arti, le quali infon-
dono nella Idea di quello che la natura hà fatto pittore, l'inuentione che nella pittura è proprio l'efplicatione di tutte le
cofe che poffono cadere fotto l'imaginatione, & rapprefentatione de le forme fopradette. Et confifte primamente circa le
cofe diuine come fono le glorie, i trionfi, le apparitioni, le
transfigurationi, le vifioni, & i miracoli, poi circa le cofe figni-
ficanti, come fono i concetti, le imprefe, gl'iftromenti, le figu-

G   re,

Immaginabile qu-
ta fpecie.

Fabricatiua feſta
fpecie.

Spiritale fettima
fpecie.

Accidentale vlti-
ma fpecie.

Libri neceffari al
Pittore.

Diuinità ciò che
fia.
Significationi ciò
che fiano.
Forme diuerfe ne-
ceffare.

re, gl'Animali, i vitij, le virtù, i fenfi, le paffioni gl't accidenti, I gradi, le ftagioni, gl'elementi, le miferie, & tutto il refto che fi può imaginare. A quefte feguono le inuentioni naturali come le offenfiue, le diffenfiue, le commode, le piaceuoli, le mefte, l'allegre, le opportune, le fpirituali, e le merauigliofe, e poi le imaginabili come fono le fauole, e tante altre fittioni, & capricci di poeti, & vltimamente le fantaftiche, & capriciofe come fono i grottefchi, i fogliami, i legamenti, i fregi i trofei, & gli altri ornaméti. Ne folaméte quefti due vltimi generi della prattica, & della forma, come hò detto, ci porgono la inuentione, mà ancora il principio, il mezzo, & il fine, dell'operare fi che fenza la cognitione di tutte le fpecie, & parti loro non potrà mai pittore far cofa alcuna con ragione come ciò più lungamente fi dimoftra nel mio trattato. Quefte fono le defcrittioni di tutte le parti della pittura, & delle fpetie e parti di ciafcuna, per le quali ella fi conduce al fine fuo felicemente quando tutte infieme fono poffedute. Feroche mancando alcuna di loro non dee fperar alcuno che poffa vfcirgli mai cofa buona di mano. Effendo elle talmente conneffe infieme che l'una, fenza l'altra, non può ftare, à guifa de i quattro humori, che conftituifcono, & mantengono il corpo humano de i quali l'uno non può ftar fenza l'altro, & mancando l'uno non può viuer il corpo. Onde fi può chiaramente comprendere ch'è neceffario à qualunq; vuole effercitar quefta nobiliffima arte, & acquiftarfene lode che fe le faccia familiari co'l mezzo delle fcienze, & con la continua prattica, ficome hò auuertito in molti luoghi e fon per replicare ouunque fe ne porga occafione, tanto ciò importa à chi defidera d'effere pittore, di tal nome degno, altrimente e come fi dice vn lauorare in darno.

Marginal notes:

Inuétioni ciò che fiano.

Imaginabili ciò che fiano.

Grottefchi, & altri ornamenti capriciofi.

Parti della pittura conneffe infieme come i quattro humori nei corpi.

Del

Del modo di conoscere, & constituire le proportioni secondo la bellezza. Cap. 26.

REsta hora ch'io tratti delle generali vie di disponere con ragione tutte le parti in che l'arte s'è diuisa, & primieramente della proportione come di tutte prima, la quale per commun parere si tien essere quella cosa in corporale, che ne i corpi include tutte le membra insieme, & nasce in loro dalle parti. Questa se ben in potenza è vna medesima in molti modi si può conoscere, & instituire risguardando la natura della bellezza à ch'ella serue nelle pitture, per rappresentare il vero che si considera ne i corpi. Il quale per molte vie si conseguisce secondo le diuersità che si trouano in loro, tanto per la bellezza dell'animo, quanto per la temperanza del corpo; si come à pieno ne discorrono i Platonici. E prima habbiamo da sapere che la bellezza non è altro che vna certa gratia viuace, & spiritale, la qual per il raggio diuino prima s'infonde ne gl'Angeli in cui si vedono le figure di qualunq; sfera che si chiamano in loro essemplari, & Idee; poi passa ne gli animi, oue le figure si chiamano ragioni, & notitie, e finalmente nella materia oue si dicono imagini, & forme, & quiui per il mezzo della ragione, & del vedere, diletta à tutti, mà più, e meno secondo le ragioni che si diranno più basso. Questa bellezza risplede in vn medesimo volto d'Iddio in tre specchi posti per ordine, nell'Angelo, nell'animo, & nel corpo, nel primo come più propinquo in modo chiarissimo, nel secondo come remoto men chiaro nel terzo come remotissimo molto oscuro. Mà l'Angelo, perche non è dal corpo impedito in se stesso si riflette e vede la sua bellezza in se medesimo scolpita. E l'animo creato con questa conditione che sia circondato dal corpo terreno, al ministerio corporale declina. Dalla quale inclinatione grauato, mette in oblio questa bellezza che hà in se

G 2   nascosta

Proportione della bellezza.

Belezza ciò che sia

Bellezza risplende in tre specchi.

Animo cô che condition creato.

nafcofta,& tutto da poi ch'è inuolto nel corpo terreno s'impiega all'vfo d'effo corpo, accommodandoui il fenfo , & alle volte la ragione ancora. E di quì è ch'egli non rifguarda quefta bellezza che in lui di continuo rifplende in fino che il corpo nõ è già crefciuto,& la ragione fuegliata, con la quale confidera quella che à gli occhi de la machina del mondo riluce, & in effa fogiorna. Finalmente la bellezza del corpo non è altro, che vn certo atto, viuacità, & gratia che in lui rifplende per lo influffo della fua Idea, il quale non difcende nella materia fe ella non è attiffimamente preparata. E tal preparatione del corpo viuente,in tre cofe fi compifce che fono ordine,modo,& fpetie. L'ordine fignifica le differenze delle parti:il modo la quantità,& la fpecie i lineamenti,& i colori. Imperoche bifogna primieramẽte che ciafcuno delle membra fia nel fuo debito loco, & che gli occhi per effempio vgualmente fiano propinqui al nafo , & gl'orecchi vgualmente lontane da gli occhi. Mà quefta parità di diftanze che appartiene all'ordine non però anco bafta, fe non vi fi aggiunge il modo de le parti. Il quale attribuifca à qualunq; membro la grandezza debita attendendo alla proportione di tutto il corpo, fi come più inanzi fi dirà. Et oltre à quefti la fpetie è neceffaria,accioche gli artificiofi tratti delle linee, & lo fplendore de gli occhi adornino l'ordine, & il modo delle parti. Quefte trè cofe benche nella materia fiano, niente di meno parte alcuna del corpo effere non poffono, fi come afferma il Ficino fopra il conuiuio di Platone, dicendo chel'ordine dei mẽbri, non è membro alcuno,perche l'ordine è in tutti i mẽbri,& neffuno membro in tutti i membri fi ritroua. Aggiungefi che l'ordine non è altro che conueniente diftanza delle parti,& la diftanza è o nullo, ò vacuo, ò vn tratto di linee. Ne le linee poffono effer corpo, conciofia che manchino di latitudine,e di profondità che fono neceffarie al corpo. Oltra di ciò il modo nõ è quantità , mà e termine di quantità, & i termini fono fuperficie, linee,

nee, & punti le quale cofe non hauendo profondità non fi
debbono corpi chiamare. E finalmente la fpecie anch'ella
non è collocata nella materia, mà nella gioconda concordia
de i lumi, ombre, & linee. E per quefta ragione fi pruoua la
bellezza effere dalla materia corporale tanto difcofta, che nó **Bellezza lontana**
fi comincia da effa materia, fe non è difpofta con quefte tre **dalla materia.**
preparationi dette in corporali. Il fondamento delle quali è
la temperata compleffione di quattro elementi, in modo
che il corpo noftro è molto fimile al cielo, la foftanza di cui è **Corpo humano fi-**
temperata. Et quando non fi ribella dalla formatione dell' **mile al Cielo.**
anima per qualche eforbitanza di humori, facilmente i cele-
fti fplendori appareranno nel corpo fimile al cielo, & quella
perfetta forma dell'huomo, la qual poffiede l'anima nella materia pacifica, & vbidiente. Mà venendo alla temperatura
de i corpi ella fi caua dalle qualità per le quali, tutti i corpi no
ftri vengono ad effere tra fe diffimili, transferendofi l'una à
l'altra più e meno, come appreffo i Matematici diftefamente
fi legge, & vediamo ancora per efperienza. Mà non poffono
però effere fe non quattro principal maniere di diffimiglianza **Corpo diffimile in**
fecondo il numero de gli elementi, & la forza delle loro qua- **quattro parti.**
lità, che i Matematici affermano effere, come fondamenti di
tutte le forme, ouer maniere de corpi humani. E perche il fuo
co e di qualità principalmente calda, & fecca, delle quali la prima dilata, & la feconda inafprifce, ne fegue che li corpi Mar- **Corpi Martiali,**
tiali fono di membri grandi, rileuati, afpri, & pelofi. Perche
l'Aria hà l'umido principale, e dal fuoco prende il calido il qua
le mà co dilata doue quello fà molle, & lógo, caufa che i corpi **Corpi Giouiali.**
Giouiali vengono ad effere non grandi di mèbra, come i Mar-
tiali mà temperati dilicati al tatto, e rileuati. Perche l'acqua hà principalmente del freddo e dell'aria participa dell'hu
mido, & il freddo aftringe, & fa duro è l'umido mollifica, fà fi
che i corpi Lunari fono minori de i Giouiali, mà fproportio- **Corpi Lunari.**
nati duri e deboli. Finalmente percioche la terra per fua na-

tura principalmente è fecca per participation del fuoco, & fredda che piglia da l'acqua,& il fecco; & il freddo è afprif

Corpi Saturnini.

fimo,quindi è che i corpi Saturnini fono principalmēte afprif fimi più che non fono i Martiali,& di membra ftrette,& concaue. E con quefte quattro qualità nafcono tutte le altre figu

Corpi Solari.

re cioè le Solari le quali fecōdo che tengono gl'Aftrologi per participar il Sole in alcune cofe delle qualità di Saturno non fono cofi afpre di mēbra come le Martiali, mà fi bene più che le Giouiali e men grandi di quelle, & le Veneree per tender

Corpi Venerei.

quefto pianeta alla natura di Gioue fono grandi ,& ben proportionate, delicatiffime,& di membri beliffimi, per hauere la natura temperata nell'humido,& nel caldo. E cofi alle Mer

Corpi Mercuriali.

curiali danno gl'Aftrologi la fua forma fecondo le qualità di Mercurio. Di qui fi può comprender che da quefte qualità

belezza onde fi cau fi, & dipenda.

attiue,& paffiue,principalmente dipende la bellezza,& hà da effere efpreffa, in opera con le fue proportioni e membra tolte dall'effempio naturale dell'animo, al quale la materia fù ben difpofta in Saturno per grauità,in Gioue per magnificenza, & allegrezza, in Marte per fortezza,& valore,nel Sole per magnanimità,& fignoria,in Venere per piaceuolezza,in Mercurio per intelligenza, & argucia, e nella Luna per clemenza.

Elementi corotti ciò che apportino.

Si come all'incontro fi corrumpono,in Saturno per miferia, in Gioue p auaritia,in Marte per crudeltà,nel Sole p vituperio, & tirannide, in Venere per lafciuia,in Mercurio per fceleragine,& ftregheria, e nella Luna per inftabilità , & leggerezza. Quefta bellezza quando non piacerà per alcuno di fimili termini perfettamente, da altro non verrà che dalla contrarietà di tali qualità. Imperoche fappiamo con tutte le ragioni, che in tutti i modi ne i gefti, ne gl'atti, ne'corpi,nelle voci,& nelle difpofitioni delle membra, & ne i colori fono difcordi; à i Saturnini, gli huomini Martiali,& Venerei; à i Giouiali, i Martiali; à i Martiali,i Saturnini , Giouiali, Solari, Mercuriali,& Lunari; à i Solari, i Martiali, Mercuriali,& Lunari; à i Venerei,
i Saturnini,

i Saturnini ; à i Mercuriali, i Martiali, & Solari ; à i Lunari, i Martiali, Solari, & Mercuriali. Et per il contrario ;
à i Saturnini si confanno gl'huomini che tengono del Mercuriale, Gioiale, Solare, & Lunare; à i Giouiali i Saturnini, Solari Venerei, Mercuriali, & Lunari; à i Martiali, i Venerei, &
alli Solari, i Giouiali, & Venerei; à i Venerei, i Giouiali, Martiali, Solari, Mercuriali, & Lunari; à i Mercuriali, i Giouiali,
Venerei, & Saturnini; e finalmente à i Lunari, si conuengono
i Giouiali, Venerei, & Saturnini. Et tanto più si vede questa
conformità, ò discordanza nelle creature, quanto più propria
mente sono conforme le dispositioni delle materie, ouer discordi da gli animi, con le quali crescono insieme le materie.
Donde procede che aduno il qual vederà quattro ò sei
huomini ò donne, più vno ò vna li piacerà, che vn'altro, ò
vn'altra, & ad vn'altro farà in odio, ciò che a lui piacerà. E par
ticolarmente questo si comprende nell'arti che vn a borre vn'-
arte, & l'altro l'aggradisce; e quindi auuiene che tutte le nature, occupano tutte le arti. Ma ciò in niuna cosa si vede più
espresso che nel giudicio, ò sia gusto della bellezza, che se
ben vna donna sarà veramente bella, nondimeno veduta da
diuersi huomini à tutti non parerà tale per vna medesima via,
Imperoche a chi ella piacerà per gli occhi ad altri per il naso,
a chi per la bocca, a chi per la fronte, per li capelli, per la gola
per lo petto per le mani, & a chi per vna cosa, & a chi per vn'-
tra. Sarà ancora a chi piacerà la gratia a chi il costume a chi la
virtù a chi il moto, & a chi lo sguardo. Et cosi auuiene di tutti i corpi che di loro vna parte piace, & è tenuta bella, come gli occhi, & vn'altra dispiace, & è riputata de forme come
la fronte, ò la bocca. Però tutte queste cose debbono essere
considerate attentamente per poter dar le proportioni conuenienti alla natura de'corpi, & essercitij accioche eglino per
fettamente siano, ò piaceuoli ò spiaceuoli; Onde in vna historia, la bellezza d'un Rè Solare si porrà nella maestà, &

Conuenienza dei corpi.

Animi, & loro varietà.

Belezza diuersamē te comprese ne i corpi.

G 4   nel atto

nell'atto del principe, ò di chi commanda; d'un soldato Martiale, nelle zuffe ò contrasti, & ne gl'atti offensiui, ò diffensiui; d'un Venereo nella gratia, & delicatura di chi parla, ò bacia ò rende cortesia. Et così dando à ciascun corpo gl'atti corrispondenti alla natura, & arte sua si verrà a verificar il piacere, come al manigoldo lacci, manaie, e ceppi; à i fanciulli vcelli, cani, fiori, & altre bagatelle. E tutto questo il Pittore ritrouarà nella concordanza dell'arte, il Filosofo nelle rappresentationi, secondo la materia, l'Istorico ne cõsigli, & gl'altri artefici nelle altre loro aderéze. Et è cosa che si vede chiarissimamente per esperienza come lasciando di p arlar delle membra, & delle loro proportioni, vna faccia ritratta al naturale, in presenza del viuo, da molti farà giudicata in molti modi, secõdo la natura del loro vedere. Imperoche ad vno ella parerà di colore simile al viuo, ad vn'altro parerà di color più biãco, ad vn'altra di più giallo, & ad vn'altro di più rosso, ouer di più scuro. Il che auuiene, perche nõ risplendendo la luce nella pittura, come fà nel viuo, i raggi spargendosi da gli occhi, vengono naturalmente, secondo la qualità loro, Ma la materia non dee ri plédere nello spirto, al quale è forza accostarsi tanto, ò quanto. Et così si hà da vedere la imitatione diuersa si de' colori come hò detto quanto delle superficie le quali ancora parranno à chi più larghe, & a chi più strette, ò longhe, ò corte. Onde possiamo considerare, che l'artefice hà d'hauer riguardo più alla ragione, che al particolar piacere d'alcuno perche l'opera dee essere vniuersale, & perfetta, & altrimenti facendo si lauora al buio. Il che non è punto vsato da quelli che riconoscono l'animo loro non hauer bisogno che si gli aggiunga cosa alcuna per far che apparisca bello nell'opera, mà solo esser bisogno che si ponga la cura, & la sollecitudine del corpo, & si scaccino le perturbationi della cupidità, & del timore, per mostrar à noi nelle opere sue la ragioneuol bellezza naturale dell'animo loro, & di coloro che così disposti, & purgati

Belezza diuersamẽte ritrouata per le arti.

Belezza tenuta da molti diuersamẽte.

purgati d'affetti si trouano, da quali essi sono poi,& approuati,& lodati, non curandosi delle chiacchiere di quelli che più attendono al piacer sensuale del corpo, che alla ragione dello spirito, & però viuono come nel fango, priui d'ogni lume di giudicio. Imperoche la vera bellezza è solamente quella che dalla ragione si gusta,& non da queste due finestre corporali. Il che facilmente si dimostra perche niun mette in dubio ch'ella non si ritroui ne gli Angeli,nelle anime, & ne i corpi, & che l'occhio non può veder senza il lume. Imperoche le figure,& i colori de i corpi nõ si veggono se non da lume illustrati,& essi non vengono con la lor materia all'occhio se ben par necessario che debbiano essere ne gli occhi, acciche da quelli possano esser veduti. Et così il lume del Sole dipinto de i colori, & delle figure di tutti i corpi in che percuote si rappresenta a gli occhi per l'aiuto di vn lor certo raggio naturale. Et in questo modo pigliãdolo noi così dipinto veniamo à vedere esso lume, & tutte le dipinture che in lui sono. Perche tutto questo ordine del mõdo che si vede,pigliasi da gli occhi,non in quel modo ch'egli è nella materia de i corpi;mà in quel modo ch'egli è nella luce, che ne gli occhi e infusa. Et perche egli è in quella luce, separato già dalla materia necessaria, e senza corpo, tutto l'ornamento di questo mondo per la luce s'offerisce. Adunque s'è incorporato ne gli occhi nostri, e non ne i corpi, tanto più la bellezza ci si rappresenta,quanto ella nella materia ben disposta risulta più simile alla vera figura infusa nell'angelo, & nell'animo dal raggio diuino. Doue la materia confacendosi con la forza d'Iddio, & con la Idea dell'Angelo, si con fa ancora alla ragione, & al sigillo, che è nel animo, doue approua que la conuenienza del confarsi, nella quale consiste la belezza, la quale per tal dispositione di materia diuersamente per tutti i corpi, più, e meno appare discordandosi, ouer accordandosi alla figura, che l'animo dalla sua origine possiede. Hora da

Belezza conoscriuta dalla ragione.

questa

questa bellezza infusa ne' corpi, & apparente più e meno in loro, secódo che si è detto, il diligéte Pittore ne hà da ritraere le proportioni, & accomodarle all'oppera sua, secondo le qualità, ouer nature diuerse sopradette. Mà con tutto ciò, hà da auuertire à questo che il tutto importa nell'atte, cioè che non essendo il fine della pittura, altro che rappresentare in piano tutte le cose nel miglior e più bel modo che sia, hà sempre d'hauer questo scopo inanzi à gl'occhi di rappresentarle tali, per il che fare è bisogno che in tutti i corpi che vuole dipingere scorga co'l suo giudicio, reggendosi con gli essempi sopradetti, quello che principalmente sopra tutte le altre sue qualità in ciascun risplende, & così lo rappresenti, acciòche venga à mostrar co i colori, ciò che perfettamente hà pensato di esprimere in figura. Onde per essempio farà che vn manigoldo nó habbi punto di nobile del venusto, ne dell'amore uole, mà del Martiale disgradato, come sarebbe a dire della faccia di Marte, che si applichi al Saturnino corrotto, & non habbi in se alcuna risplendenza particolare ne cattiua ne buona, come ferocità maligna di Marte, che conuiene a dun Caco ouer altro famoso ladro, ferocità magnanima, che si richiede in vn principe tiranno. Ne dee ancora mostrar ne i suoi gesti, arte ò studio nelle armi, che appartengono a dun soldato valoroso. Con questi auuertimenti procedendo per tutte le proportioni de i membri, & de i corpi, il Pittore farà tale, che con l'arte superarà la natura. Percioche ella ci darà vn Principe di costumi rozzi d'atti vili, & abietti, & di corpo deforme. Dall'altro canto ci darà vn manigoldo Solare, ò Giouale, & ben proportionato. E con tutto ciò eglino spiacciono à tutti come odioso spettacolo non per altro che per la viltà dell'officio. Le quali cose se si fanno nella pittura, molto più spiacciono, & massime a prima vista quando si mirano tante figure più belle, e di più maestà che il Rè, & lui più sozzo, & sformato che il manigoldo. E se alcuno dicesse, ò nella 124 battaglia,

glia, e nel tal fatto fi ritrouò Nerone, Cefare, ò Alefandro di quali fi ritrouano i ritratti veri, hò io da fare in maniera come fe non vi fi foffero ritrouati? rifpondo che nò; mà fi hà bene di auuertire, che effendo ftato Nerone huomo crudele, dee ben il pittore far rifplendere in lui principalmente la crudeltà, mà con certo moto Solare, più degno che in tutti gli altri, che cofi ella verrà a rifplendere tanto più quáto che egli hauerà il primo loco, & il maggior ornamento nell'hiftoria, & tutti gli altri ftaranno verfo di lui in atto pieno di rifpetto, & di riuerenza. Cofi in Cefare fi hà da fare fopra tutto rifplendere la maeftà, & la confideratione; & in Aleffandro la magnanima fierezza, come fua propria. In fomma in tutti gli altri fi hà da offeruare tale regola; acciò che nel tutto fi poffa ritrouare la perfettione per i paragoni che fono quelli onde fi giudica del giuditio che hà hauuto il Pittore. Mà per fapere con qual modo fi habbi à dar la proportione debita al tutto, confidero che bifogna primieramente prefuporre niuna opera fenza mifura, & proportione poter hauer in fe perfettione compita fe prima (come dice Vitruuio) ella nón hauerà rifpetto, & confideratione alla vera, & certa ragione de membri del corpo humano ben figurato, del quale a baftanza nel trattato della pittura fi ragiona. Perche da quefti gli atti fuoi, & dal numero delle dita fono deriuati, il circolo, il quadrato, & tutte altre forme Geometriche delle quali fono pieni i libri de i Matematici. E però fi conclude necefiariamente che tutte le proportioni delle cofe hanno conuenienza, & riguardo, con le parti del corpo humano. Onde nel comporle bifogna fempre hauer diritto l'occhio a quelle, & ricercat la conuenienza con loro in tal modo che a i riguardanti elle non vengano a intandare per i raggi difcordanza di mifure, le quali fono proprie della materia fola, che perciò fi chiama brutta, & confufa come farebbe a dire che il piede della cofa foprauanzi di larghezza quello che foftiene. Onde fi vede per effempio che

Facie proportionate fecondo il decoro de Principi.

Proportione, & fua origine.

che vn vaso, il quale habbia il corpo men grande del piede
non hà in se bellezza. Et la ragione è che nel corpo humano,
in cui le perfettioni de membri, sono vnite insieme, non si trouua
che il piede sia più longo del corpo, mà si ben più breue.
Appresso per venir più di vicino a mostrar il modo di consti-
tuire queste proportioni nelle opere, dico che considerata nella mente la forma di quella cosa à cui si vuole dar proportione secondo la natura sua, ouer secondo l'effetto ch'ella s'introduce nello spacio, il quale viene ò dalla historia, ò dalla
inuentione propria dell'artefice; e gli hà da dare, secondo
quella la sua ragione, ò misura. Il qual riguardo si hà d'hauere come in parte si dirà, circa al corpo humano per la diuersità delle teste, di che si compongono, con le quali gli altri membri per la loro rata parte, si conuengono in giusta misura. Et si
come dal essempio delle cose maggiori, si cauano queste ragioni, & massime del corpo humano, del cauallo, & ancora delle
colonne, & suoi ornamenti, non è fuori di proposito ch'elle si
considerino ancora ne gli essempi delle cose minori; accioche
niente si possa desiderare alla perfetta cognitione di questa
conuenienza di proportione. E prima tutte le circonstanze,

Proportione, &
suoi diuersi essem-
pij minori.

e tutti gli ornamenti delle cose si regolano dalla forza della
natura delle parti maggiori, come sono trofei, vasi, gioie, arme, edeficij, paesi, panni, & così ciascuna cosa à se stessa, come animali, Monstri, & simili che sempre risguardano alla parte maggiore, seguitandola armonicamente in hauer con lei
proportione, & conuenienza. Altrimente, ne nelle parti principali, ne nelle minime si vederebbe mai cosa corispondente,
come per essempio se le figure si pongono appresso à gli edificij che in quelli entrare non potessero essendo le porte troppo
picciole che renderebbe l'edeficio brutto. Della qual sorte di

Proportioni scon-
certate.

sproportion appresso a molti sconciatori dell'arte che non sono stati pittor per tutta l'Italia, se ne vede gran quantità, così
nell'opere vecchie come nelle moderne. E tali discordanze si
veggono

veggono ancora nelle cofe minime, come in trofei, che fecondo lo fpatio fuo ò troppo grande, ò troppo picciolo fono ò
moftrano troppo faltar in fuori, & cofi occorre ne'feftoni e ne
gl'altri ornamenti. Mà quello che ancora molto importa, fono i paefi, li quali tanto bene furno intefi da i Germani, come apieno tratto altroue, & da molti eccellenti Italiani, che
fono ftati in quefta parte feliciffimi. Ne i quali fi veggono le
figure cofi bene accompagnate fecondo la grandezza di
quelli, & di quefti. Or perche troppo farei longo s'io difcor-
reffi per tutte quefte cofe potédofi da quefti pochi efsépi có-
prendere il tutto, & conofcere le altre parti, che in tutte le ope
re poffono entrare in vifta, verrò à dir della ragione di dar
quefta proportione, & mifura à qualunque parte, che conueniente fia, & corrifponda, có le altre fue circöftanze, che dalla
maggiore afpetta ragioneuolmente il lume. Determinata nel
la mente la grandezza di ciò che fi vuol fare, come à dir d'un
Arpia ò dun'altro corpo, fi hà da tirare vna linea, ò anima nel
modo che fi dirà, nel corpo humano, & cauallo, la quale fi
chiama Linea principale, & hà d'effere della medefima longhezza della cofa penfata. Poi s'háno d'applicare à quella di-
ligentemente fecondo le longhezze, & le diftanze de membri le linee che di ragione vengono quali più, & quali meno
corte della linea principale. Et quefte debbono effer fatte
con grandiffima confideratione, perche di qui dipende il tutto, douendofi per loro comporre la cofa proportionatamente in fuo effere fenza fcorto, e poi per linee trarne effi fcorti, &
le attitudini, come ne difcorro pienamente nel mio trattato,
Imperò fe le linee per la rata parte tra loro per i membri nella cofa, non haueffero la giufta mifura, certo è che & le attitudini, & gli fcorti che dopo fe ne trarrebbono, nó verrebbono
ad effere giufti; ancora che in quefti vi voglia non sò che di
fecreto, che doppo fi dirà in cui cófifte tutta la perfettione del
traportare lo fcorto in perdita, fapendofi certo che Alberto

*Proportione di ql-
lo che fi cócepifce
nella mente.*

Durero

Proportione portata dal'una à l'altra in quantitade.

Durero non moftra nell'ultimo della fua fimmetria altro che trafportatione di quátità. La quale da molti benche dotti, & efperti Pittori, è tenuta via di fcortare, mà veramente non è altro che ragioneuolmente far perdere, & digradare dal perfetto qualunque cofa. Di che niuno non ne hà fcritto mai, nó moftrandofi il digradato nel perfetto. E però è di neceffità confiderare beniffimo quefte parti, & applicar loro le linee corrifpondenti, per poter render la cofa in grado fuo giuftamente compofta. Or perche tutte le forme tra loro fono diuerfe come per effempio l'huomo dal cauallo, & quefto da gli altri animali, fi hà d'auuertir che la linea principale per

Proportione del corpo humano.

tutto s'intende in quanto alla longhezza, c'hò detto dalla fommità della tefta infino alla pianta. Quefta poi per li numeri, ò gradi fi hà da diuidere per ciafcuna parte, formando poi le linee deriuate da loro in effa cofa compartita per la diuerfità de membri che fi hanno da rapprefentare. Oltre à ciò fi hà

Proportione dil cauallo, & altri animali.

da tirare vna linea, & maffime ne gli animali quadrupedi, fimile à quella del cauallo, giù per il collo alla fontanella che di qui alla parte pofteriore fi eftenda, & d'indi per la longhezza delle gambe, fino all'eftrema pianta de i piedi, e tanto dauanti come di dietro, & poi per la fua rata parte, applicarla alla linea principale, & à lei finalmente tutti le membra attaccare in quella guifa che nel corpo humano fi fà alla linea principale che giù per il mezzo del corpo defcende dalla fommità della tefta alla pianta de i piedi. Quefta linea ne gli animali fi dimanda feconda, e perche fi piglia dalla fua forma diuerfa da quella dell'huomo, fi chiama formale fi come l'altra fi dimanda principale per effere guida alle altre per le parti diuerfe, che fe le applicano per numeri, & gradi in lei comprefi. Or tutte quefte cofe con tal regola date, fe'l noftro artefice hauerà à memoria nel fuo operare, non hà da dubitare che grandiffima lode non fia per acquiftarfi, moftrando nell'opera fua tutto a vn tempo la perfetta cognitione che hà della

bellezza,

bellezza,& proportione,si che esprimerà ne gli Angeli la più
perfetta proportione,& bellezza nelle sfere,& suoi gouernatori men perfetta, & meno anco nelle anime sciolte dal cor-
po.Ancora che Christo risuscitato,quando appare alla Maddalena,vada proportionato perfettamente,& finalmente ne i
corpi quà giù, assai meno,& men poi di tutti ne i Diauoli del
l'Inferno, secondo i loro officij. Cosi egli farà come vno es-
semplare à gli altri, mostrando in qual modo si hà da riconoscere la bellezza doue è come ella più,& meno risplende. Et
cosi diuersificandosi per questo i corpi secondo che più è
meno sono temperati da gli elementi, ella si hà da constituir
diuersamente,nelle pitture, e finalmente come per linee con
diligenza partite per numeri, & quantità, la proportione al-
l'essempio della natural bellezza si hà da introdurre nell'opera,guardandosi però sempre che di tali linee non rimanga alcun vestigio ma si che solamente si vegga l'ordine incorpora
te compreso nella Idea, si come hò detto di sopra delle altre
parti per dar campo d'intendere le proportioni, delle quali
nel primo, & sesto del mio trattato, si discorre per ordine e
della loro virtù. E questa proportione solamente lineata, hà
grandissima forza, & virtù per le historie, & altre opere del
pittore come si può per essempio de gli altri vedere,in quelle
di Luca Cangiaso. Il quale essendone dottissimo maestro ne
nostrò già molte in Roma, auanti il giudicio di Michel Angelo, ad alcuni gran pittori. E fù giudicato che le figure del
giudicio, perdeuan molto della sua forza, & furia, appresso
quelle solamente lineate.Le quali se da l'istesso pittore,fosse
o state ombrate,& rileuate,sarebbero tornate in dietro assai
mancando in lui l'arte del vero allumare,& ombrare tali pro
portioni per le sue parti,secondo l'alzamento delle membra.
Onde non sapendo egli con tali mezzi far scemare,& crescere
lumi,& l'ombre,non è marauiglia se queste sue proportioni
nõ sono ascese al grado dell'immortalità.Però ogn'uno hà da
starsi

ftar fi contento nel grado in cui fi troua, fecondo il termine
della fua natura.

Della maniera di conftituire i moti. Cap. 27.

**Moti che nõ fono
in molte cofe natu
rali.**

DElle cofe create alcune fono le quali per fe fteffe fenza
aiuto eftrinfeco fi muouono, & quefte fono quelle che
hanno vita, & altre fono che non hanno alcun moto fe non fono moffe da alcun'altra cofa, come fono catene, rami, corde,
& fimili cofe, che non hanno in fe, come dice Ariftotile, quel
la nafcofta, & motiua forza, dalla quale folamente i corpi vi-
uenti fono moffi, come il corpo dell'huomo dall'anima. Le

Moto vegetabile.
piante anch'effe hanno il fuo moto naturale, cioe, il crefce-
re, che fi dimanda vegetatiuo, mà non hanno poi vn'altro che

**Moto fenfuale ne
gli animali.**
parimenti è naturale il quale è fenfitiuo, che è proprio delle
membra ne gli animali datogli per bifogno loro che dura infino al fegno doue eglino fi poffono eftendere, con la lor gran

**Moto violente fin
téde in due manie-
re.**
dezza. Il moto violento, in due maniere s'intéde, vno e quando egli è caufato da alcuna cofa, nel che conuiene con quello
delle pietre, & delle piante. L'altro è quádo che da fe per alcu
na apprenfione fenfitiua, fubito s'accende à vendetta, per cui
fi diuiene di moto feroce, ouer ad amore, per cui fi diuiene
di moto piaceuole, i quali moti naturalmente nó poffono ftar
infieme. Ben è vero che nell'animale rationale, per concorre

**Moto ragioneuole
cóuiene à gli huo-
mini.**
re in lui la ragione s'aggiunge poi il moto ragioneuole, il quale tanto più rifplende quanto più effo animale ferue alla ragione. E quefto moto fi eftende à temperare il moto naturale, con cui corrifponde alle piante, & al fenfuale, con che con
uiene con gli animali, & parimente s'eftende à temperare il
moto accidentale. Perilche dee l'huomo fuperare tutti gli al
tri animali, per il lume di ragione, dalla quale allontanando-
fi con moftrare i moti folamente accidentali, come le beftie,
parerà il proprio Rè di quelle, facédofi più crudo delle Tigri,
& più

& più rapace dei lupi. Mà per introdurre questi moti, secondo le loro conuenienze, in tutti i corpi generalmente, prima di tutte le cose, si hà da considerare il sentimento della historia di quella cosa à cui si vuol dar moto, & doppo secondo quello imaginata la forma, rappresentarla proportionata, e con ragione conueniente dare il moto, nel modo che soggiungerò poi al loco suo d'ogni sorte, studiando nō solamente ne i moti del corpo, mà anco in quelli dell'animo per proceder cō ragione senza pretermettere punto alcuna, fuggendo sempre i troppi estremi, in modo che sempre paia che il pittore gli habbia introdotto senza fastidio, ouero stento, talmente che si conformino al naturale già introdotto, & dica chi gli vede che in altro modo non possano star meglio. E perche tutti i diuersi moti de i quali si parla nel secondo libro del trattato, non conuengono ad un solo corpo humano, lasciando per hora gli altri à gli altri suoi corpi aderenti, habbiamo d'esser molto cauti, di non far moti di prudenza, in vn che si voglia rappresentare per ignorante che solo sono diceuoli in vn sauio Filosofo, ouero Teologo, ne manco moti di maestà, nobiltà, & simili in vn Villano ò altro huomo vile che solamente conuengono à Rè, Imperatori, ò Papi, ne ancora moti di crudeltà, & di fierezza, ne' santi, & ne gli humili, che debbono darsi, ne' soldati, & ad assassini, ne parimenti moti di disonestà, ò lasciuia in vna Virgine, ò in vn Santo che sono proprij di Ruffiano, & di Meretrice. E così in generale s'hà d'hauer tal consideratione nell'accōmodar tutti gli altri moti conueneuolmente alla qualità, & natura della cosa à cui vuol dar moto il buon pittore. Di che nel trattato più diffesamente se ne fauella. Appresso à questo vn'altra auuertenza è sommamente necessaria, cioè, che tutti i moti nō hanno da essere sempre di vn medesimo modo, in tutte le nationi. Imperoche secōdo la vniuersale natura loro, si hanno da formare i moti, in guisa che si come diuersa è la forma delle nationi tra loro, tan

Moti conuenienti alle historie.

Moti diuersi à chi si conuengono.

H   to che

Moti conuenienti
secodo i popoli.

to che séza fauellare, si conosce il Turco dal Christiano, il To
desco dallo Spagnuolo, il Francese dall'Italiano, l'Indo dall'-
Egittio, & tutti gli altri popoli frà di loro. Cosi rapresentádo-
li, se occorre insieme in battaglie, feste, cósigli, apparati, parla-
menti, ò in altra qualsiuoglia occasione, si faccino riconoscere per i moti diuersi gl'uni da gl'altri, che sarà grandissima lode, & commune con pochi. Onde lo Spagnuolo si

Moti conformi à
Spagnoli.

rappresenterà con moto borioso, nell'andare con gesto fe-
steuole, con la faccia alzata, con l'habito delicato, nel-
l'orationi ornato, nel sébiante glorioso nel mágiar cótinente,
nella guerra ardito, & ne' consigli astuto. L'Italiano si farà co-

Moti de gli Italia-
ni.

noscere da i moti più graui, nel mouer della faccia, ne i fatti
magnifico, nell'habito moderato, nel consiglio prudente, in
guerra valoroso, & in amore colmo di sospetto. Vn Todesco

Moto de Germani

hà da essere scorto all'andare co'l passo di gallo, con gesto bra-
uo, con volto sfrenato, con habito dissoluto, con ciera feroce,
& austera, nel consiglio duro in forma semplice, nel mangiar
laido, nelle conuersationi intolerabile, nell'amore ambicio-
so, nel lauorare sollecito, & nella guerra fedele, ben che stra-

Moto del Francese

no. Vn Francese si dimostrerà con moti baldanzosi, con habiti pomposi, di ciera pazza, ma lasciua, & piaceuole, nel parlar
superbo, ne' fatti minacioso, nell'amore leggiero. Oltra di que-

Moti de diuersi al-
tri.

sti lo Scita si rappresérerà có moti orribili & crudeli, in modo che si giudichi lui essere homicidiale, & assassino, & il Giu-
deo di moti maluagi, & pertinaci, il Greco di moti pensosi, &
fraudolenti, l'Asiatico di moti dissoluti, & lussuriosi, il Turco
di moti austeri, & rozzi, ben che siano poi particulari del
Tartaro. Cosi l'Indo si formerà tardo, l'Arabo pigro, l'Egittio
instabile, & in somma tutte le altre nationi, delle quali tratta
distesamente Hermete doue diuide tutta la terra in sette parti, dimandate climi, hanno d'hauere i suoi moti secondo che
egli ci insegna. Di qui adunque il Pittore potrà hauere tanto campo quanto egli vuole per poter diuersamente mostra-

re non

re non pur gli huomini mà anco tutti gli animali. Et queste
sono le strade principali, per le quali con lo studio si dee caminare, & che sono arte à condurre l'huomo à nome immortale, oue solo i virtuosi possono aggiungere ancora che non
siano non dirò riconosciuti mà ne pur conosciuti per la mal-
uagia conditione de i tempi presenti, doue quelli che potrebbero, non vogliono suiati dietro l'abomineuole, mà diletteuole via del commodo sensuale, nella quale fondando ogni
lor pensiero, non sanno ciò che li muoua, se non che muouon-
si come bestie, quasi rinegando il primo moto che mouendo
si da se medesimo sempre è eterno. Onde si confanno del tut- *Moti bestiali de ne-*
to co i moti de gli animali irragioneuoli, mostrando nelle lo- *mici à virtuosi.*
ro operationi la crudeltà della Tigre, l'impietà dell'Orso, la
bestialità del Cinghiale, la fierezza del Cauallo, la ferocità
del Leone, l'ostinatione del Bue, l'inganno del Mulo, la ma-
litia della Volpe, la mordacità del Cameleonte, la rabbia del
Cane, la vendetta dell'Elefante, la pazzia del Camelo, la bu-
foneria dell'Asino, le lusinge delle Simie, le frodi delle Sire-
ne, la furia de i Centauri, l'ingordigia delle Arpie, la lussuria
de i Satiri, & l'asprezza de i Draghi. E perche richiede il loco
ch'io tratti de i moti naturali cosi difensiui come offensiui de
gli altri animali volatili, & quadrupedi, p breuità lascio che il
Pittore per se stesso gli consideri, osseruando ciò che s'è detto *moti che il Pittore*
di quelli del corpo humano, & ricorendo alla consideratio- *à da dar à gli ani-*
ne delle nature loro notate nel sesto libro, & nel secondo. Et *mali, & vcelli.*
in questo modo ageuolmente potrà dimostrare per essempio
i moti di maestà nella Fenice, quelli di purità nel agnello, &
quelli di amore nel columbo.

Del modo di Colorare i corpi. Cap. 28.

SOpra tutte le cose nel colorare s'hà d'hauere auuertenza
d'imitar co'i colori vn corpo naturale che si conformi à

Colori ciò che esprimano con le altre parti.

quello che si vuol fare, & così accompagnarlo con tutti gli altri corpi vicini che in questo modo si farà veder tutto quello di che hò alla longa discorso del genere, & delle parti della pittura nel precedente capitolo, & ogni cosa hauerà il suo proprio, & conueneuol colore sì come i corpi, ritratto al

Colori co'l moto ciò che fanno.

naturale, & al moto corrispondente. Onde si vedrà la dolcezza della carne giouiale differente da quella del vecchio, & di quello che posa, differente da quello che trae à se alcun peso, ouer porta carica, che tutto in se stesso si preme. Questo medesimo s'hà d'auuertire ne i panni. Imperoche i colori più

Colori differenti come si esprimano

viui appartengono à i panni delle figure nobili, & principali, ancora che fossero più rimote delle prime, & perciò meno apparenti: ben è vero che non doueranno esser caricati così di viuacità, come se le figure fossero dinanzi. Il che osseruando si vederanno i manigoldi minori de i Giudici, & manco vaghi, & così in tutti i gradi, & stati ogn'uno farà differente dall'altro, rappresentando à dun tratto, & bellezza, & verità d'historia. Or perche di tutti i modi di colorare se ne dice assai nel suo loco, per hora nõ m'estenderò intorno à questo, ricordando solamente per sicuro auiso, che'l pittor s'ingegni con tutte le sue forze in ogni cosa d'imitare il naturale colore, per

Naturale s'imita co i colori conformi all'Idea.

qualunque gesto ò moto che voglia rappresentare conforme à quanto egli s'è impresso, nella Idea sì come sempre hanno fatto l'accorto Titiano, Giorgione, & gli altri grandissimi pittori. Perilche l'opere loro paiono veramente colorate dalla natura sì che ciascuna cosa rappresenta puramente il vero, &

Colori belli non vanno appresso.

massime per l'osseruanza che hanno tenuto ancora di non metter mai due colori belli appresso, mà vn brutto, ò più, ò meno appresso à vn bello in guisa che si venissero à dar maggior gratia frà di loro, la qual osseruatione à bastãza nell'opere così di costoro come d'Antonio da Corregio può cõprendere qualunque desidera d'essere pittore. Ancora che ciò cõ diuersi ordini, & con più disegno e maneggio dell'arte si può

esse

essere scorto da gl'eleuati ingegni nell'opere di Raffael d'Vrbino, di Leonardo Vinci e de gli altri gouernatori del Parme-
giano, dil Rosso, di Perino del Vaga, d'Andrea del Sarto, di
Cesare Sesto, del Boccaccino, di Giulio Romano, e di molti
altri che à loco à loco si nomineranno. Mà con tutto questo,
per dimostrare la grandezza dell'arte, & la forza del disegno
seguendo il più di costoro, esorterò qualunque ricerca honore, che nó faccia mai che il colore il qual s'adopera, paia quel
lo istesso afferatamente perche è proprio vn leuar la forza al
disegno. La qual maniera vitiosa è molto vsata d'alcuni Ve
netiani, ancora che piaccia à molti sciocchi, e professori di
quell'arte, & corrumpe quella che hanno vsata i suoi paesani
sopranominati si come è fuggita da Paulo Veronese, Giacobo Tintoretto da i due Bassani, & da i due Palmi, i quali benis
simo intendono la vera maniera del colorare. E quiui sono
forzato ancora detestare quella corrottissima ragion di colorare secondo i colori ch'è tanto andata auanti ch'omai tutta
l'Italia, & le Germanie ne sono impiastrate, si che per parlare
alla schieta à questi tempi i pittori più sono solleciti de i colo
ri che del disegno della vaghezza che della forza dell'arte,
del guadagno che della laude, cosa che no fecero già mai i no
stri Gouernatori dell'arte che anzi con ogni studio, & amore
s'affaticauano ogn'hora di portare inanzi quelli che erano
desiderosi d'apparar l'arte loro. Mà hora espento ogni seme
d'amore, & d'humanità. Ne sia alcuni che mi guardi con vi-
so torto ch'io non parlo per tassar ne biasmar alcuno ma per
dir liberamente cosa che giudico necessario per poter aggiun
ger à quell'alto segno doue quei grandi con simil costumi ag-
giunsero, & con loro alzaron l'arte nostra accioche ogn'uno
si dia ad imitargli, mà è hormai che dal colore à i lumi riuol-
ga il mio ragionamento.

Marginal notes:
- Pittori perfetti nel colorare seconde l'arte.
- Colori in qual mo to vanno espressi.
- Maniere falsa di co lorare.
- Pittori leggiadri nel colorare.
- Pittori, & suo stu dio per confusion dell'arte.
- Gloria de Gouer natori dell'arte, & de suoi.
- Autore, & sua real tà.

Del modo di distribuire i lumi. Cap. 29.

TVtti i lumi debbono distribuirsi in modo che si come le superficie sono tra loro ben conuenienti, cosi habbino riguardo à tutte le cause accioche ne risulti quella proportione armoniosa tanto gradita da gl'occhi de i giudiciosi, & diletteuole à chi per similitudine l'apprende. Imperò essendo fin ho ra l'opera proportionata motuata, colorata, bisogna anco che l'allumiamo. E questo non può però farsi senza la prospettiua, la compositione, & la forma di tutto quello che si vuol

Lume come si dee distribuire.

rappresentare. Si richiede adunque che il lume corrisponda alle altre parti, & non ne discordi in modo che per sua cagione la bontà in se stessa ricondita delle parti conuenienti insieme, non ne venga à patire, mà per il contrario venga a ridursi a maggior perfetione corrispondendo a quelle. Per conseguir questo è di mestier che minutamente si consideri tutto quello che in altro loco si tratta de i lumi, perche quiui son per ragionarne se non per modo di essempio dietro à cui reggendosi il tutto possiamo comprendere. Appresso bisogna tanto di discretione quanto sarà la chiara cognition di loro, accioche a ella si possa peruenire. E sopra il tutto, e necessario

Superficie, & lor qualità che riceuono il lume.

hauere riguardo alle superficie, se saranno in faccia, ouero in fianco, in che maniere possano pigliare il lume, ò poco ò assai, e cosi alle delle sue refleffioni. Perche vediamo à vna veduta sola far diuersi effetti in riceuere il lume, come per essempio se tu volti verso il lume tutta la palma della mano, la vedi tutta allumata, & volgendola all'incôtro la miri tutta oscura, eccetto certi lumi che scorrono dietro all'estremità. I quali effetti fanno ancora le figure in fianco, ouero in faccia, ò in schena, ò in qualunque altro atto, che sempre sono tette dal maggior lume che percuote nella maggior superficie, ò per dire più particularmente, più propinqua à lui, & a gli occhi nostri. Mà con quali modi si habbiano da distribuire i lumi

per

per ciafcun corpo, oltre molte altre cofe che fe ne fono dette
altroue, le quali fanno à quefto propofito per fauellarne hora
principalméte accioche l'ordine inftituito fi continu, primieramente s'hà da fapere che i corpi vengono ad effere cóprefi per due modi, vno è per il lume principale che fi diuide nel lume diuifo in due parti.
celefte, nel diuino, & nel artificiale, & il fecondo è per il lume
diretto rifleffo, & rifratto che fono lumi partoriti da i fopradetti, & ancora dal fecódario di cui in vn'altro loco hò ragio
nato có tutte le fue parti, & diuifioni. Quanto al celefte egli fi Lume celefte fparto fopra i corpi.
hà da inftituire, & diftribuire p ciafcun corpo come fe veniffe
da alto cioe dal cielo percioche in quefto modo fà che le figu
re paiono perfettamente rileuate e tonde. Onde è che gl'antichi ne' lor tempij cofi tondi, come quadrati, per render più
belle le ftatue dei loro falfi Iddij vfarono di dare i lumi alti,
fi come ancora vfano i buoni moderni che ciò hanno con la
ragione e con l'offeruation delle cofe antiche auuertito; come Tépio che riceue il lume da alto.
fra gli altri molti hà fatto Bramantino nel tiburio e nella
Sacriftia di Santo Satiro in Milano maffime nelle faccie collocate ne i canti ottangolari nel fregio, maggiori del naturale fatte di rileuo di plaftica da Caradoffo Foppa le quali
guardano all'insù verfo il lume che gli fcende fopra. Mà fe fi
faceffe venir il lume per fianco, ò per trauerfo, fi caderebbe Lumi, & loro falfità.
nella maniera di alcuni del noftro tépo de i quali p ciò l'opere riefcono fpiaceuoli, & tagliando i raggi à riguardanti appaiono rabbiofe non che confufe. Et quefto medefimo lume
fi piglia ancora neceffariamente ne i viui, che fi fingono dalle
fineftre vicine cioè quando non fi finge altra fineftra, ò forame perche altrimente farebbe i lume falfamente diftribuito,
con ciò fia che hauendo il pittore in certi fpatij, à fingere hiftorie, ò figure all'aria, alle quali s'afpetta il celefte ouero na Prontezza del pigliare il lume celefte.
tural lume il quale come fe foffe vero, per tutto fcorre, bifogna che ne i viui ancora trapaffi, & faccia l'effetto fuo: guardandofi di nó imitare alcuni che fingendo ne i volti delle cap Lumi cófufi tra loro.

H 4 pelle

pelle, nelle quali fono le figure in capo celefte, che fcende dal cielo gli fingono il lume che viene, & tocca dalle fineftre, ouero occhi vicini. Onde fanno che le figure pigliano lume falfo, & contrario mentre che effi fi perfuadono di dar tali lumi có ragione, & cofi fi ritrouano poi al tutto confufi. Perilche difdice eftremamente che fi facciano guardare cotali lumi dal Cielo, con quello che fi piglia fuori da gli fplendori ancora artificiali, come foprani da effi. Vltimamente il lume artificiale quando fi finge la notte il giorno, fuochi, lucignoli, fornaci, facrificij, & fimili fi dee diftribuire per li corpi più vicini maggiormente, & dopo fcemar, & perdere fecondo la lontananza de corpi fin a tanto che quelli non fi poffano vedere, maffime nella notte, perche nel giorno, ancora che renda vn certo chiaro della qualità del fuo colore, non leua però il celefte che tende allo fbiauo aereo che più dolcemente trafcorre. Et da gli effetti di quefti lumi ne deriuano i fopradetti di tre maniere diretti, rifleffi, e riftatti. Del quali il primo tocca per la materia del corpo direttamente fenza occupatione, che perciò anch'effa più e meno fi rapprefenta; il fecondo fi eftende per gl'antipodi de i corpi a lumati primamente vicini, doue fà difcernere tutte le fuperficie più e meno fecondo la materia, & ancora fecondo la lontananza. Perilche fi veggono variati tutti li corpi, & diffimili frà di loro. Il terzo fi frà ge ne' corpi lucidi, & trafparenti. Mà perche fi è trattato più diffufaméte di quefta parte di lumi della fciografica nel quarto, & fefto libro, non mi diffunderò più lungamente in quefto loco; auuertendo folamente che il lume celefte, & naturale, occupa più de i corpi che il fecondo, e quefto n'occupa più dell'ultimo; come quelli che fanno operare, vedono in pruoua quando operano.

Della

Side notes (left margin):

Lumi chiari, & di fuochi come fi fpargono fopra i corpi

Lumi diuifi in tre maniere.

Qualità de i lumi.

Della via di collocare i corpi secondo la prospettiua.
Cap. 50.

IL vero veder i lumi, & i corpi secondo Aristotile è quel lo che si fà per il senso interiore il quale apprende con gli occhi le specie de i colori, & de' corpi colorati, & lucidi; al che tre cose necessarie si ricercano, cioè l'oggetto l'organo, & il mezo. L'oggetto, & il visibile, è quella cosa che cade sotto il senso del vedere. L'organo del vedere, è l'occhio, al quale si distende il neruo de' colori visiui biforcato dal celabro insino alla pupilla dell'occhio, oue la virtù visiua nel neruo contiene l'Idolo, ouero forma dell'humido cristallino che è nella pupilla dell'occhio, & è portato al senso commune, oue si fà giudicio della differēza de' colori. Il mezzo del vedere è vna cosa diafana, & trasparente come l'acqua o'l vetro, nel quale il colore eccitato dal lume si riflette per rappresentare al occhio la cosa pura. Percioche il raggio visiuo è vn lume piramidale moltiplicato dall'oggetto visibile al qual si offre per vn mezzo trasparente, il cui raggio e basa nella cosa veduta, è come nell'occhio vedente. Il che si comprende per via della prospettiua. Il lume senza cui non si può vedere è vna qualità visibile, la quale vn corpo oscuro riceue da vn corpo lucido, per mezo illuminato. Il mezo ancora (oltre il lume,) si ricerca al vedere perche sēza esso, il colore nó sarebbe visibile. E però si hà da distribuir cõ molta auuertenza questo mezzo tra l'occhio, & l'oggetto, ouer colore, imperoche non è dubio che quanto più questo mezzo sarà proportionato, la cosa veduta si renderà più grata, & diletteuole all'occhio. Onde in ciò douerà sempre esser molto considerato il pittore, poi che in lui consiste tutta la cagion della gratia ò della disgratia di qualunque opera. Percioche habbiamo dalla prospettiua, che quanto più è corto il mezzo tanto più l'angolo si fà ottu

10

Vedere ricerca tre cose.
Oggietto ciò che sia.
Organo ciò che sia.
Mezo terza parte ciò che sia.
Lume senza il quale non si può vedere.
Mezo proportionato come si rende grato.
Angoli come ci mostrano le cose diuerse a gli occhi.

so nell'occhio, & in consequenza veniamo à vedere le cose
tanto grandi, che pare che ci vogliano cadere addosso. Si che
l'occhio non potendo spargere i debiti raggi, ne resta occupato. E per incontro, quando il mezzo è longo si fà l'angolo tanto acuto che squadrando molto si confonde, & indebolisce
l'occhio, tirandoli troppo in longo il vedere per li raggi con-
finati nella basa dell'oggetto, doue malamente comprende
ciò che è come si douerebbe comprendere. Adunque il mezo tanto più si renderà proportionato quanto meno cagio-
nerà nell'occhio alcuno di questi due angoli. Però la ragio-

Ragione di consti-
tuire il mezo pro-
portionato prima
parte.

ne d'instituirgli sarà tale. Primieramente si considerarà, che il
mezo, il qual si chiama ancora distanza in due modi si hà da
instituire o veder tutte le opere. Il primo modo è qñdo s'instituisce secondo l'ordine ò grandezza della cosa che si vuol vedere. Imperò che si sà che quanto più è lunga la tratta del
mezzo, l'aere allumato s'ingrossa di maniera, che appena si
scorge quello che si vuol vedere. Et all'incontro s'ella è troppo
corta, non si può scorgere, & isquadrare perfettamente la cosa. Il che auuiene per il poco lume che più di se non potendo
accompagnar al raggio visiuo causa che l'occhio resta abbar-
bagliato, che non può compitamente vedere. Imperò la vera ragione del vedere si hà da pigliare dalla grandezza dell'
opera come hò detto. Onde s'ella sarà piccola non dourà esser longo il mezo come in vna grande, che tale lo richiede se-

Intelletto in qual
forma giudica le
pitture.

condo se. E però si starà lontano dalla grandezza dell'opera,
tre volte tanto quanto ella è grande per il più, per poterla cõ
l'occhio tutta comprendere conuenientemente, & darli sopra
il suo giudicio con tal distanza: Poi si potrà andare più appresso, & vedere le figure secondo la sua longhezza tre volte
tanto ancora, & parimenti più appresso alle braccia e gambe
e più anco alle mani, piedi, teste, & così al resto secondo la
sua grandezza. Percioche se si volesse sempre star lontano secondo che tutta l'opera richiede, non si potrebbe mai vedere
la quan-

la quantità ò diligenza accompagnata alla compositione del tutto, ne ancora la picciolezza delle figure ò casamenti lontani, ne' quali si ricerca la diligenza, & finimento, come nelle prime più grandi, sì come hà fatto Alberto Durero, & Luca di Olanda. Nel qual proposito mi souuiene del Zenale, il qual accennaua diuersi fari, dicendo côtra l'opinione d'alcuni pittori valenti del suo tempo, che tanto le cose finte lontane voglino essere finite, & proportionate, quanto quelle dinanzi, per questa ragione, che la distanza che si piglia di tutta l'opera essendo troppa per le cose più picciole che vi son dentro, fà che s'ingrossa l'Aere; e però le più piccole figure manco si scorgono che le più grandi, e tanto più andando auanti niuna cosa benche finitissima non si può vedere se nõ si gli và appresso, secondo la sua ragione. Diceua ancora che in vna distanza di diece bracia, sopra vn foglio di carta scritto d'vn medesimo inchiostro non si potrebbe vedere la lettera minutissima che pur è negra in sua proportione, e se ben si scorgerà alquanto non però si potrà leggere, per l'abbagliamento. Mà vna più grande che pure nè più nera dell'altra, vederassi bene, & vna maggior di queste si leggerà. Il che tutto auuerrà per la multiplicatione del negro, che per essempio viene à seruire in tutti i colori. Queste con molte altre ragioni, io hò letto in certi fragmenti scritti di man di lui ch'egli adduceua contra coloro, i quali affermauano che quanto più la cosa si fà piccola tanto più dee essere abbagliata, comprendendosi questo nel naturale. Mà questa via non volle però tenere in tutto Alberto Durero massime nelle opere dipinte, ancora che nelle stampe tagliate da lui, tanto si veggano finite le cose lontane, come le vicine; le quali però si veggono fuggire mirabilmente. Il che nõ auuiene per altro che per questo; che cosi come per la ragione della prospettiua si vànno scortando i dintorni de' corpi, cosi ancora scemando le quantità de colori, manco si scorgono per la loro picciolezza, la qual cosa

Contrasto del Zenale cõ diuersi dotti sopra il vedere.

Colori ingrossati come si rendano à gli occhi.

Essempio di vn stesso colore diuersamente compreso.

Cosa quanto più picciola tanto più dee esser abbagliate seguendo il naturale.

cosa andando sin che si troua punto in infinito, fà sfugire il tutto. E però di lontano, vedédo tutta l'opera, tali non si scorgono, & tali si incominciano a comprendere, & tali si discernono

benissimo per la grandezza loro, dal punto instituita. Il secondo modo da instituire il mezzo è quello che s'imagina il Pittore per mostrar l'opera sua nel più bello, & dilettevol modo che si possa secondo la grandezza di essa. E questo s'instituisce come insegnano i prospettiui nella maniera sopradetta, & io tratto nel quinto, & sesto libro accioche le figure, ò edificij paiano veramente sfondate nel muro ò tauola, secondo si hanno

da vedere, & non paiano le alte sopra l'orizonte cadere à basso, & quelle di sottopendere indietro, ouero inanzi secondo l'ordine del piano, ouero star ne luochi doue non possano stare di ragione. Come che vna figura secódo il suo effetto sia ò troppo appresso ò troppo lontano verso vn'altra, ò che alcuno non possa co'i piedi toccar il piano ò sia con i piedi ò con le gambe dirotto, ouer che sia più grande il corpo di dietro che quello dinanzi, & cosi in vna sola figura si vedano molti

disordini, che da molti non sono compresi dirittamente, eccetto che da gli intendenti di tal consideratione. Nè quali errori se s'hà à dire il vero con buona pace loro sono caduti chi più, e chi meno, quasi gran parte de i pittori benche per altro eccellenti, & famosi con tanto maggior honore, & lode

di molti nostri Lombardi che in questa parte sono stati accortissimi. I nomi de quali, oltra quelli che sin hora hò nominati sono sparsi per tutta l'opera, tra cui principale è il nobile Vicenzo Foppa Milanese si come fanno fede le sue opere fatte in Milano massime il raro sfondato del volto che è in Santa Maria di Brera à mano sinistra co'l Santo Sebastiano legato co'i saettatori intorno, che lo saettano oue sopra tutti gli altri del suo tempo in Italia hà mostro quanto in queste parti fosse considerato, & auueduto. Onde meritò facilmente il primo loco d'eccellenza nell'arte, spetialmente nella prospettiua, &
nella

nella profpettiua, & nella collocatione delle figure in cui è
pofta al mio giudicio, tutta la foftanza,& il fondamenro del-
l'arte;effendo certiffima cofa che le figure non poffono vera-
méte far l'officio loro al dato punto corrifpódente séza quefta confideratione, la quale hanno hauuto tutti gli altri che
vollero riportar honore delle fatiche loro. Mà affai fi è detto
di quefti eccellétiffimi Pittori,per quádo fi richiede à quefto
loco, & è tempo di paffar più oltre, terminando il difcorfo in
quefto che la principal cura dell'artefice fia fempre in ciò, di
rapprefentare tutte le figure,& farle pare re in quel modo,che
il fito, & la diftanza loro ricerca fecondo la ragion del vedere lume, ò mezzo,che fono i veri fondamenti della profpettiua,& della defcrittione de paefi naturali;à quali aggiungen
dogli artificiali, co'l rendere le pareti, per niente vengono à
confeguire la difficile verità dell'arte.

De gli auuertimenti che fi deono hauere nelle compofitioni per prattica. Cap. 31.

Siamo qui giunti à quella gran prattica, la quale è l'ultima
che porge la fomma diletacione à gli occhi noftri quan
do è fondata fopra i precetti teorici, dianzi trattati. Et perche quefta fola hà tanta corrifpondenza, & amicitia con gli
occhi noftri, parlando folamente della vaghezza de i colori,
& leggiadria del turto, ne nafce,che quelli che con tal via la
vfano,fono da tutto il mondo lodati,& honorati nell'opere lo
ro. Percioche armati delle fcienze teoriche, da le quali la
buona prattica difcende, fanno ad altri toccar con mano,co
me ella niente vale, fe non fi fanno i fuoi fondamenti,e come
ancora gli affetti,& moti fono vani, & fenza fpirito , appreffo
di quelli che l'una fenza l'altra poffeggono , quali quando fi
reggono con quefta pura prattica,fi poffono dire effer nati ap
punto

punto come fungi, all'improuiſo . Perche nelle ſcienze , ſi richiede ſommo giudicio, & vna pronfunda altezza d'intelletto come ne poſſino far fede i Gouernatori dell'arte , & i ſuoi

Buonarroto dicea non ſaper niéte della pittura.
imitatori, de i quali il Buonarroto primo di tutti ſempre ſoleua dire che non ſapeua niente di queſt'arte , conſiderando di continuo la grandezza di lei, & le infinite difficoltà che ſono

Pittori ſono i pochi, & gl'ignoranti aſſai .
ſparſe in ogni parte . Queſti tali adunque prattici per teorica ſono i pochi , & gli altri ſono in coſi gran numero, che tutto il mondo ammorbano, & ſoffocano con la vaghez-

Prattica dimoſtratrice di tutte le ſorſi de miſure .
za della pura prattica loro . Mà queſt'arte congiunta con la ragione moſtra primieramente tutte le grandezze delle proportioni conuenienti à tutte le qualità, & bellezze, coſi ne gli huomini come nelle donne , & anco ne' caualli ne gli edificij, & in tutto il reſto delle coſe, come nel libro della proportione à pieno ſi può leggere ; oue ſi nominano anco nomi di co-

Prattica ſpiegatrice de' cinqui libri ſopradetti.
loro à i quali tali proportioni ſi conuengono . Poi inſegna à dar facile il moto conuenientemente alla prattica indi paſſando dal colore moſtra tutte le miſchie delle carni , de i panni, & di ciò che appartiene al Pittore, di rappreſentare in opera. Appreſſo dimoſtra, il modo d'introdurre il lume nelle opere pratticamente con perfettione; e finalmente nel quinto libro della proſpettiua c'inſegna la fabrica del telaro , con cui ſi pigliano tutte le proportioni per rappreſentarle in opera; aggiungendo appreſſo infinite altre coſe degne di molta auuertenza coſi della ſcultura, quanto della pittura, ſi come il letto-

Pitture rappreſentate ſecódo le qualità loro , & lochi corriſpondenti .
re ricorrendo là potrà intendere . Dimoſtra altreſi queſta grandiſſima prattica la qualità de i lochi oue ſi denno rappreſentare le pitture ſecondo l'hiſtoria ò fauola che ſi hà da dipingere, in modo che à eſſi lochi conuenga, ſi come in altra parte pienamente ſi auuertiſce, & coſi inſegna à diſtribuir ragioneuolmente le hiſtorie di qualunq; ſorte, ſi come ancora tutte le bellezze, le inuentioni le figure gl'atti e tutte le bizarrie che poſſono cader nell'animo del pittore. D'onde ne ſegue

che non

che nõ ſi vēgono à vedere quelli errori che ſi vedono coſi ſpeſ
ſo ne i tempi ſacri, di figure,& hiſtorie, che non ſe li conuengono per honeſtà, & ne' palazzi per honore, e finalmente in
tutti i luochi coſe che del tutto ſi diſdicono. Oltre di ciò
auuertiſce anco queſta prattica il pittore nelle ſue compoſi-
tioni che di niuna coſa mai può far compoſitione che ſtia bene, ne c'habbia forma di verità, ſe prima di tutte le parti,
non hauerà cognitione della forma nella Idea della coſa che
vuol comporre, & appreſſo non li darà la ſua proportione, ſecondo la quale conoſcendo la natura ſua particolare,& gli effetti ch'ella può fare in qualunque ſuo atto, (come ſi dirà poi
largamente à ſuo propoſito) ſi viene alla perfettione di com-
porla inſieme,& di diſtribuirla in generale ſecondo l'intento
del compoſitore. Et di qui ſi può facilmente conoſcere, che
è impoſſibil ch'alcuno il quale ſia ignorante di cotal coſe,ben
che diſegni molto all'improuiſo,poſſa inſieme ben comporre
alcuna inuentione, & in quella moſtrare l'intēto ſuo,ò di pietà ò di allegrezza,ò di altri affetti, ſecondo che hauerà ò letto
ò gli ſarà ſtato commeſſo da chi lo fà operare. Et all'incontro
chi ben le intēde,& poſſiede hauerà molto ageuole il cóporre
tutto ciò che vorrà ſi come per hauerle auuertite,& inteſe hà
fatto Alberto Durero tāto quanto habbi mai fatto altro che
habbi toccato pénello,ò ſtile. A cui nõ è mai ſtato difficile il
comporre coſa alcuna, che gli ſia venuta in mente di fare,co-
me ſi vede in tante hiſtorie ſue maſſime di ſantità, & in tanti
trionfi, & inuentioni mirabili oue non ſolamente ſi ſcorge la
compoſitione nelle figure,mà le aderenze che tutte ſignifica-
no il ſuo concetto ſotto velami d'Animali, come nella porta
dell'honore, di Maſſimiliano Imperatore, & anco parimenti,benche ſotto nomi di femine & figure, nel trionfo, ouero
carro dello ſteſſo Imperatore. Per il che è riputato da gli intendenti non hauer hauuto nel comporre, ouer hiſtoriare ſu-
periore alcuno ne pari;ſi come il mirabile Don Giulio Clouio

Conuenīēza di tut-
to quello che ſi
può imaginare.

Pittore eccellente
in comporre quel-
lo che voleua.

Durero,& ſua lode
nell'iſtoriare cō di-
ligenza.

uio accennaua;ancora che però la maniera sua habbia vn poco del barbaro,ne si conformi gran fatto cō quella de i tempi
di Rafaello, la quale s'egli hauesse cosi hauuto, come posse-
deua l'intelligenza, & la ragione di tutta l'arte sarebbe stato
vnico al mondo. Mà con tutto ciò lodo ad ogn'uno che ponga studio affiduamente nelle cōpositioni di costui,delle quali tutta l'Europa n'è ripiena, che certo ne cauerà profitto grā-
dissimo, non solamente per la diligenza, ò vuoi patienza,mà
per la sicura via Geometrica da lui cō somma facilità mostra
ta del comporre,& con catenare le cose ragioneuolmente insieme,& appresso per la cognitione delle lettere ch'egli hebbe profundissima, & si dee necessariamente come si disse
di sopra accompagnare, & hauere congiunta con l'arte.Oltre
costui, per lo studio, & per la maniera conueneuole, & più
propinqua alla vera Italiana, le opere, & disegni di Rafaello

di Vrbino si debbono hauere continuamente inanzi gl'occhi
con quelli di Leonardo Vinci, se pur hauerà tanta gratia dal
Cielo il compositore di poterli col suo giudicio penetrare,&
conoscere, per farsegli essemplari d'imitare. Ne dee far minore studio nelle cose di Michel Angelo con tutta l'oscurezza loro;ancora che da vn ignorante seguace di Camillo Boc-

cacino chiarissimo Pittore siano tenuti come sogni più rosto,
& chimere,che profondità ch'egli mostrò nel grandissimo mi-
racolo del suo giudicio, dicēdo ch'ei si pensaua di rappresēta
re à guisa d'un Dante Pittore. E se di mano in mano andere-
mo per le opere de gli altri valenti Pittori, pigliando essempio, conosceremo veramente essere necessario quanto in fin
qui hò detto per ben comporre,è lasciaremo gracchiare certi mezi pittori, che armati d'un pezzo di prattica, dicono che
la cōpositione la qual tengono per l'inuentione delle cose, è

opera solamēte di coloro che cō quella nascono,quasi ch'ella
più presto sia opera di furore,& capriccio, che di cōsideratiō
ragioneuole,come si vede essere stata, & essere in quelli che

non

non così di subito, (come fanno questi infuriati) senza giudicio saldo hanno voluto, ò voglion compor le figure, historie,
ò altre cose, mà con lunga consideratione, & auuertenza.
Onde ne segue poi che quanto più elle si guardano più vi si
troua dentro la belezza conforme di punto all'imaginatione
che si formarono nell'Idea, & compresero con l'intelletto per
questo, & quel corpo, secondo il lor proposito trahendola
dal vero nascimento suo come dirò poi nel seguére capitolo.
Mà se si riuolgiamo alle compositioni di questi ripieni di furore, ancora che nella prima vista porgano non sò che di vaghezza, per la virtù del colore, & anco per il chiaro, & iscuro,
che hauerà ben inteso, non essendo per il resto introdotte con
consideratione opportuna, come prima vi affissiamo addosso
gli occhi della ragione, subito giudichiamo che sono scatena-
te, & priue affatto di tutto quello che si li douerà di ragione, sì
che le sprezziamo come quelle che non sono Imagini di verità rappresentate con le sue debite aderenze come cose fatte p furia, & à caso, doue più tosto si vede vsurpatione che os-
seruation d'arte, e così per tali vengon conosciute quali furono composte. Hora hauendo si come mi persuado notato
tutte le auuertenze che paiono necessarie in questo proposito dell'ammaestramento del tutto, che si hà da comporre, non
voglio tralasciare alcuni auuertimenti particolari circa le có-
positioni dell'armi che non saranno di poco giouamento, non
solamente per esse, mà anco per molte altre cose simili. E prima in generale si ricerca ancora nell'armi la compositione
ragioneuole, p la quale si possa esprimere cópitamente il pensiero dell'inuentore. E perche tanto più di eccellenza hà la
cosa quanto più si applica alla natura, però ella si hà da considerare in ciascuna cosa, che si vuol porre nell'armi e secondo quella procedere, osseruando sempre che le cose di maggior eccellenza precedano, & siano sopra le minori, & che
siano collocate in debita proportione à gli occhi, sì che mostri

Imaginationi, & sue beltati.

Compositioni fat-
t solamente per fu-
rore degne di bias-
mo.

Compositione d'ar-
mi ragioneuole.

no gli atti, secondo la natura loro, ne si facciano vcceli in acqua ne'animali acquatili sopra arbori, perche oltre che non **Difcordanza nelle** possono dimostrare l'intento dell'inuentore, che sia buono **pitture onde nasca.** rappresentano vna difcordanza grandissima al riguardante, si come cosa contra natura. Appresso gli animali (come in altro loco diffusaméte si ragiona) si deono mostrare in tutti gli atti la natura loro, come per essempio i Leoni gl'Orsi, i Tigri, & simili, in atto mordace, & crudele, secondo che più à ciascun di loro conuiene; il cauallo in atto che salti ò corra, l'Agnello che vada à passo léto e piano, e sopra il tutto (parlo di qualunque animali si voglia) che stenda il piede dritto inazi si come principale all'altro, & più nobile; Non tratto de colori atti, gesti, & precedenze dell'arti perche in molti altri luoghi per tutta l'opera se ne ragiona à bastanza secondo che richiede il bisogno; si che non è mestiero ch'io ricordi qui altro, se non che l'huomo hà da porre tutto il suo affetto hello studio dell'arte, & metterfela in grandissima stima, & riuerenza, perche di qui crescerà in lui lo studio, & la patienza della fatica, con la quale si condurrà à quel segno che desidera. Il che si troua c'hanno fatto i maggiori lumi di questa nostra arte. Onde si legge che ritrouato vna volta il Cardinal Farnese, Michel Angelo appresso al Coliseo, & chiestogli doue all'ora andasse per quelle neui? egli li rispose, io vado an- **Stima grandissima** cora alla scuola per imparare. E Rafaello soleua dire, che tan- **che facea duoi grä-** to più ammiraua la pittura, quanto più egli comprendeua la **diffimi artefici del** ragione. Perilche di continuo egli si staua con gli amici suoi **la pittura.** fra le statue antiche osseruando il più bello de i membri, & da quelli formandone i suoi. Cosi Leonardo parea che d'ogni hora tremasse, quando si ponea à dipingere, e pe rò non diede mai fine ad alcuna cosa cominciata, còsiderando quanto fosse la grandezza dell'arte, talche egli scorgeua errori in quelle cose che à gli altri pareano miracoli. E quelli ancora ch'erano fauoriti da i principi, & essaltati a dignità di Caualieri,

non

non però si solleuauano mai à superbia per gl'honori con-
seguiti, mà sempre più humiliauano se stessi, & apprez-
zauano l'arte, quanto più eglino erano estimati, & riueriti.
D'Alberto Durero si dice che spesse volte andaua per la
Città con la vesta, nella quale pingea non riputandosi niente più del suo valore; come faceua ancora il nostro Bramantino, il quale spesso soleua portare il pennello nell'orechia.
Mà sopra tutti è degno d'esser ricordato Antonio da Correggio, il quale ad imitation d'Apelle inuitaua gl'altri d'ogn'hora à notare, & riprédere le sue pitture come che fossero eccellentissime, & mirabili, recandosi à dispetto che gli altri le honorassero, & hauessero in tanta ammiratione. Anzi soleua
stimar le opere sue per sì vil prezo, che vn tratto douendo
egli pagare vn spetiale della sua Città gli fece vn quadro
d'vn Christo che ora nell'horto, nel qual pose ogni sua diligenza per quattro ò cinq; scudi, il qual gli anni passati è stato
venduto al Conte Pirro Visconte per quattrocento scudi. Potrei nominare molti eccellenti pittori, i quali erano soliti con-
uersar insieme p l'ordinario, & spesso si sarebbero posti à ritrar
re come vn nudo, vn fachino, ò d'altra cosa, & poi à riprend-
dersi l'uno, & l'altro de gli errori che haueano commessi. E di
qui principalmente nacque l'ecellenza loro dal non hauersi
hauuto inuidia, mà procurato ciascuno nella loro honorata
academia, d'inalzar se, & il compagno infino al Cielo, nelle
loro diuerse maniere alle quali s'erano appigliati. Il che non
fanno hora certi nostri Pittori i quali non solamente aborri-
scono i ricordi, & auuertimenti altrui mà anco il commercio
sdegnando in certo modo d'esser chiamati pittori, & seguitando le pratiche di Signori, & Cauaglieri attenti solamente
à gentilezze, garbi, & costumi. Onde altro non n'acquistano
che esser mostrati à dito, & scherniti, & questo solo è quello
che si auanzano nell'arte, & il mordersi l'uno, & l'altro come
cani, schernendo il grande Apelle, il quale solea dire che il

I 2 volgo

Alberto Durero &
Bramantino di na-
tura humile e séza
alcuna alterezza.

Christo d'Antonio
da Correggio.

Inuettiua contro
alcuni pittori mo-
derni.

Detto d'Apelle
schernito da pitto-
ri ignoranti.

volgo, era più pronto à giudicar le pitture, che l'artefice.
Or perch'io mi ricordo d'hauere già detto nell'ultimo capito

Gloria de i buoni pittori si diminuisce per la lode di molti.
lo del mio trattato, che per la gran moltitudine de i pittori
da me lodati, si diminuisce la gloria de i pochi, i quali sono in
parte nominati nel penultimo, & vltimo di questa Idea, dico
che perciò non niego che que' tali, & altri molti, i nomi de
quali si leggono in diuersi luoghi del mio trattato non siano
valenti huomini, & degni di memoria, mà non hanno già
d'essere agguagliati à i pochi, e debbono côtentarsi d'esser ri-
posti nella terza, & quarta schiera de i professori di quest'arte.

Della via generale di formare ciò che vuole il pittore. Cap. 32.

HO' proposto in questo capitolo di passar dalla particolare alla generale via che si hà da tenere per intendere,
& sapere dar forma, ò figura, à tutto quello che la mente huma-
Forme dei tre mo di.
na può capire, per li tre mondi, e Dio, & Angeli, e falsi Dei,
e Stelle, & Imagini, & Imprese, e Prouincie, e Città, e Fiumi,
e fonti, e monstri, & arti, e finalmente qualunque cosa si vuole. Perilche dico che primieramente si hà da considerare la natura di quella cosa che si vuol fare, e tutto ciò che à lei conuiene, con li segni, & le proprietà, che da femina, ò maschio, la
distingue, & così darli forma, per li segni, che gli appartengono per natura, & secondo il giudicio di colui che la forma. Il
forma delle cose in che consista.
che consiste in proportioni, numeri, atti, collocationi, habiti,
arbori, animali, pietre, & finalmente in tutte le cose fabrica-
te, create, & pensate dalla natura, delle quali cose nel mio trattato, se ne trouerà ampio discorso e delle loro significationi,
tolti non solo da gli affetti, & dalle proprietà loro mà ancora
da i corpi, à cui elle sono sottoposte, che vniuersalmente tut-
corpi superiori tutte le cose inferiori cingono.
te le cose cingono; si come à gli antichi saui, & massime à
Mercurio

Mercurio Trifmegifto à Platone, & à Tolomeo, parue che ne' suoi libri l'hanno lafciato fcritto in molti luoghi, e cofi quelle, & quefti nominorno. Onde da loro anco compofero le forme delle cofe, che loro apparrengono di necefsità, e quelle anco chefe li conuégono e fignificano il péficto di chi hà figurato, contenédo in fe ftefse tutte le cofe di quà giù, e rifoluendo la virtù loro in efse, come il lettore trouerà à pieno nel libro de moti, e de la prattica. Et oltra di ciò ne compofero i fenfi, le membra in generale, & particulare, gli atti, i colori, & tut to in fomma che quà giù fi può, & trouare, & penfare, e prin-cipalmente gli elementi proprij i quali compofti infieme, à tutte le cofe danno, forma, natura, & pafsione. Mà per attener quanto hò promefso, & di dichiarar le cofe dette, dirò che apprefso i Platonici, e opinione approuata, le Idee di tutte le cofe efsere nella mente diuina, & à quelle ferui re gli edificij mondani, cioè gl'angeli, & à i doni de quefti, i demoni, cioe i faui. Perche dal fommo grado all'infimo della natura, tutte le cofe per debiti mezzi, pafsano di maniera, che Iddio contenendo in fe principalmente tutta la forza di tutti li doni comincia primieramente à communicarli à gli Angeli che intorno al fuo trono fi riuolgono, in modo che ciafcuno è arricchito di vn dono, più che d'un'altro fecondo la proprietà di loro natura, li quali muouono poi i fette Gouernatori del mondo, cioè i pianeti, che per ordine, co'l mezzo delle loro virtù, porgono quà giù i doni, riceuuri come dicono gl'anti-chi, e fpetialmente Mercurio Trifmegifto, fecondo cui io già rapprefentai in pittura i Gouernatori fopradetti per il grã Caftaldo, già generale di Ferdinando, e Maeftro di Campo di Carlo Quinto, il quale li mandò à Monfignor d'Arafse che fù poi il Cardinale gran Vela à dui fommaméte piacque ro. Perche in loro fi dimoftrauano tutte le foftãze, bafe, & fon-damenti di efprimere in pittura tutti li moti affetti, & pafsioni che pofsono efsere fecondo le diuerfe nature loro, vedendo-

Elementi à tutte le cofe danno forma.

Iddio contiene in fe tutte i doni.

Gouernatori, & lo ro moti dimoftrati in pittura dall'au-tore.

I 3   fi quelle

fi quelle figure ignude, & proportionate, fecondo la forza de
gli elementi della qual fi difcorre nella proportione. Onde fi
vedeuano tutti varij di colori di grandezze breuità, & fotti-
gliezze de' membri facendoli con gl'atti delle braccia, & del
refto conueniente alla lor natura. Imperoche p rapprefentare
il foco il quale è caldo, & fecco le gàbe debbono formarfi forti, & fiere à guifa di piramide di fuoco co'l corpo, & la tefta
alzata, le braccia, & le mani, in tutti i fuoi effetti alti, & ga-
gliardi. Per l'aria in cui l'umido regna, mà concorre anco il
caldo debbono effer i moti pieni di maeftà, non in tutto alti,
mà con la faccia dritta che dimoftri venuftà. Per la terra
effendo ella totalmente fecca, & fredda hanno le membra
da pendere tutte al baffo moftrando grauità, & imaginatione.
E con quefta regola finalmente fi douranno in tutti gli altri
dimoftrar gli affetti, trafportando ancora l'un membro appreffo ad vn'altro, & l'altro appreffo all'altro, che có tal molti-
plicatione di membri, fi viene à comporre quante diuerfità
de genti fi poffa compor giamai. Quefta gran prudenza heb-

*Pittori, & fcultori
antichi, & bellez-
za de' lor moti.*
bero compitamente i pittori, & fcultori antichi, per quanto
ogn'un può fcorgere dalle opere loro marauigliofe. Poi e ftata gran tépo perduta, & ritornata à nafcere in alcuni pochi mo-

*Moti, & lor inuen-
zioni tolte dai Go
uernatori.*
derni, fi come in Leonardo, nel Buonarroto in Rafaello, & in
Gaudentio. I quali la dimoftrarono in tutte le figure, mà fpe-
cialmente ne i Santi, con tanto ftupore delle genti, & gloria
loro che fono tenuti come chiariffimi foli, che co'l fuo lume
abbagliano le picciole ftelle altrui cioè di quelli che fono fo-

*Difegnatori gran-
di fenza l'arte del
dare i moti nó fan-
ne ouetirare i loro
dintorni.*
lamente periti, & efperti nel defignare, e fono priui di quefta
cognitione, fenza la quale non fanno in qual loco, ò parte tirare il lor pennello, ò ftile. Però effendo loro dotate di tal prudenza, & di molte altre dote che fi fon notate nel fecódo libro
fono da noi come cofa mandataci da Dio honorati. Mà non

*Moti de i Gouer-
natori apparéti ne
gli atti noftri.*
cofi fanno à tempi noftri alcuni di noi i quali ripieni di vitij,
fe ne rendono incapaci. Onde con gl'affetti, & le paffioni moftrano

ſtrano ne i viſi proprij, il mal animo loro contrarij à quelli, che ſono ornati di tali doni ne i quali ſi vede vn viſo allegro ſincero, & amabile. Mà perche ſarebbe troppo longo s'io voleſſe trattenermi intorno à queſto diſcorſo quanto ſarebbe di biſogno, tornãdo al noſtro primo propoſito, eſorto i pittori che nel diſpor le forme in diſegno, ſeguano queſta via, ſi come principale all'altre. Imperoche ſe ne ragiona diſteſamente nel mio libro de moti, & inſieme di quanti affetti, ſi poſſono dar alle figure da i quali ſi poſſono poi conſiderare gl'iſtrumenti, à loro conueneuoli che alla natura ſua ſi confaceiano, & coſi alcuna coſa particolarmente ſignificare. Il che ſi può far ancora ne gl'animali d'ogni genere, & in tutte le coſe create per ordine con ragioni à queſti corpi ſottopoſte, pigliando il dono naturale da loro, con la quale conſideratione ſi può figurare il tutto dando ſempre ad ogni coſa i ſuoi propri, & opponẽdo gli i cõtrari, ſi come per eſſẽpio alla pietà del Pelicano, la crudeltà della Tigre, alla ſemplicità dell'Agnello, la falſità della Volpe, alla purità dell'amore della Tortora, la laſciuia dell'amore del Colombo. Ne queſto ſolamente poſſiamo rappreſentar ne gſi animali, mà in tutte le altre coſe, come per figura nelle Città ſeguendo gli antichi Romani, che ſeguitando l'uſo de gl'Egittij, formarono Roma ſecondo il grado ſuo, & natura del paeſe e de gli habitatori, che porgono aiuto à far Prouincie, Fiumi, & Mari, i quali per loro ſi formano. Come ſarebbe (per dir coſi) vna ſecca Spagna, vna graſſa Francia, vna diſſoluta Alemagna, vna feconda Italia. E frà le Città di quella come Venetia, ſopra il Leone, Siena ſopra la Lupa, Roma ſopra l'arme, e i trofei, & Milano co'l ſerpe, il quale hauendo in bocca il maluagio Guelfo, non può moſtrare le ſue forze contra i ſuoi nemici. E ſi potrebbe ancora fare tutto ignudo per moſtrar la ſcincerità ſua, con vn Pelicano appreſſo per eſſere egli ſopra tutte le altre Città ſottopoſte per diuina gratia alla miſericordia, & pietà tenendo nella ſiniſtra mano vn li

L 4 bro.

Moti triſti come ſi moſtrano in noi.

Eſortatione à pittori per dar i moti delle forme.

animali, & loro cõtrarietà de formi.

Paeſi e loro forme diuerſe.
città, & loro forme diuerſe.

bro nella deſtra vna ſpada ignuda, co' quali ſi dimoſtrano le leggi ſue principali al mondo, & l'arme, in cui tanti ſuoi Cittadini ſono ſtati, & ſono valoroſi con li vniuerſali ſtudij, che in lui ſempre ſono fioriti, & la giuſtitia la quale in eſſo ſi ammini ſtra. Potrebbeſi appreſſo formar dilicato, & ornato d'alcuni belli ornamenti per l'abondanza, & fertilità del paeſe, per la pompa, & ricchezza che in lui ſi è ſempre mantenuta. Mà laſciando queſta parte per paſſare alle altre, maggior accorgimento ſi ricerca ancora nel formar le figure. Imperoche ſe ſono di compleſſione magre, & ſecche biſogna applicarle à Saturno, ſe di natura acute, & ſagaci, à Mercurio, le laſciue, & dilicate à Venere, & ſe crudeli, & calide, à Marte coſe che generalmente ſi poſſono trouare có facilità ne i climi ſottopoſti à pianetti, i quali hanno tutti la loro particolar natura có cui influiſcono negli habitatori ſottopoſti. E ſe ſi hanno à dipingere i fiumi, & i Mari, che li circondano ſi poſſono formar ſecondo l'utile, ò danno che porgono, della maniera che gl'Egitij fecero il Nilo co'l corno della coppia in mano; accennando la fertilità dell'Egitto poſto ſopra gli animali che naſcono nel paeſe, & diſteſo come ſempre ſi fecero i fiumi, e particolarmente fecero i Romani, il ſuo Tebro, per dinotare che i fiumi non mai ſi alzano in piedi. Oltre di ciò ſe ſi vogliono formar le virtù i vitij le arti, & ſimili, biſogna conſiderare ciò che ſono, & che effetti particularmente ſono i ſuoi come ſarebbe à dire la guerra di cui l'effetto altro non è che ſtragi, rapine, & occiſioni, pur ſi formerà con ſtromenti noceuoli, & Martiali, quali ſono ſpade, ſcudi, lancie, & ſimili. E perche ella dall'uſo di queſti ne riporta trofei, però ſopra quelli dourà porſi à ſedere, ò in piede circondata intorno ſe ſi vuole d'huomini feriti vcciſi di gambe, & braccia che tronche, ò volino per l'aria ò giacciano per lo campo con Città preſe, & ſaccheggiate, le quali ardano, & con altri ſimili ſpettacoli, ſpauentoſi, che occorrono nelle guerre, & ella dee eſſer tutta armata, con

Paeſi & loro forme applicate à i Dei.

Fiumi ſēpre ſi formarono diſteſi.

forme di virtù vitij & arti ſi cauano dalla conſideratione dell'eſſere loro.

spada

spada in mano sanguinosa,cō scudo nella manca con la faccia
tutta rubiconda cō gli occhi grandi,di color di bragia d'aspet
ro terribile, & fiero, & con l'elmo in testa, si come più auanti
si dirà doue si tratterà di Marte,& de gli altri pianeti, che ad
altre cose seruiranno, applicandoli più è meno, secondo l'effetto che si vorrà esprimere . Mà s'ella si rappresentasse in altro modo come per essempio con la faccia humile, & bella cō
colori giouiali come conuengono alla pace,e con l'habito pia
ceuole,& humano sarebbe cosa disdiceuole, e che mostrareb-
be il poco giudicio,& l'ignoranza dell'autore.Similmente nel
formare i vitij si hà da procedere con l'istessa consideratione.
Come per essempio che la grauità , la contemplatione, & la
stabilità si facciano in habito graue, & con forma matronale ,
per esser elleno sotto Saturno graue, e la leggerezza l'ignoran
za, & la volubilità si formino giouani per essere vitij lunari,&
in certo modo Venerei, e da gli effetti loro fingansi ornati alla
leggera . Nell'istessa maniera la temperanza,& sincerità, ouero la fede, tutte virtù sottoposte alla luna , si faranno giouani,
poi che tali virtù si conoscono più nella giouentù, che nella
vecchiezza (se ben di rado ciò si vede) . Cosi la sincerità e fede debbono essere giouani,& in segno della purità, & altri loro simili parti si formeranno ornate.Mà se all'incontro di que
ste virtù, si farà la pazzia, la bugia,& l'heresia, vitij Saturnini
s'haueranno da formar vecchi perche sempre tutte le forme
che si applicano a Saturno si rappresentano tali , come per il
contrario quelle che si applicano alla Luna si fanno sempre
per esser questi vitij proprij di tali età, come si è osseruato nelle forme loro antiche . Però la pazzia, perche appare più in
vn attempato, che debbe essere temperato che in vn giouane,
per il qual nō ha ancora il giudicio riposato,ò per dir meglio
stabilito, si dee far vecchia, mà in atto spensierato , come appunto si veggono gl'atti de i pazzi, cō sonagli,& bagatelle intorno che sarà cosa bizara a vedere. Il che non sarebbe in vn
giouane,

Forma di diuerse
virtù.

Forma di diuersi vi
tij.

Atti dei pazzi.

giouane, il quale fa fpeffo di fimili atti per natura, & gagliardezza di membri, Mà douendofi finger la bugia, fi farà magra, con la faccia bella, mà che non le corrifponda il refto della vita, per dinotare ch'ella è foprapofta alla fua naturale. Et fi
farà tutta grinza, vecchia, & brutta. E cofi farafi l'herefia ancora, mà più magra con libri alla rouefcia, tutta ftorpiata, e
zoppa che fia foftenuta da deboli legni, tutti torti che paiano
accennare di romperfi, & in vefte rappezzata accenando con
tutte quefte cofe lo ftato dell'heretico, che fi crede intendere,
& nó intende, & penfa gire per la buona ftrada ficuramente, &
camina per la torta, foftenendofi apena, & efpofto a mille pe-
ricoli. E fe gli potrebbe aggiungere che andaffe per ftrada
rotta torta, piena di fpini, oue non fi veda orma, ne fentiero.
Con quefta ragione, tutte le cofe fi poffono giudiciofamente
formare, pigliãdo larghiffimo campo dalla natura di ciafcuna
diformar inuétioni belliffime, e ficure, & d'arricchirle di diuerfi ornaméti, che le rendano vaghiffime a vedere. Doue auuer-
tirà però fempre l'auueduto pittore di non porre cofa in loco

**Auuertenza p for-
mar le cofe con ra-
gione.**

doue naturalmente non poffa ftare come farebbe vna lumaca
o d'un pefce in aria, vn afino che voli, il foco che rifplenda fotto l'acqua, ouero che vn faffo nuoti, ne far che vna cofa faccia
quello che non può di fua forza fare. Il che offeruando felicemente confeguirà l'intento fuo attefo che nelle imprefe figni-

**Imprefe, & fuoi fi-
gnificati come fi
formino.**

ficati, & fimili, la virtù delle parole che gli s'aggiunge che di
mandano motto ouero anima aiuta fommaméte à dimoftrar
palefe il concetto del inuentore come minutamente dichiara
no l'Alciato, il Bocchio, il Cofta, il Paradino, il Simeoni,
Gioan Sambuco il Giouio, & vltimamente Girolamo Rufcel
li, prouandolo có autorità, tolte da Greci da latini, & da altri
fcrittori antichi. Ne è da pretermettere ancora che certe cofe
fi poffono rapprefentare dall'effetto loro in diuerfi modi ad

**Hierogli come fi for-
mi.**

imitatione de gli Egittij ne' loro hieroglifici cofi mafchi come femine, & cofi giouani come vecchi, fi come per effempio
l'imbria-

l'imbriachezza, che sotto nome di Bacco si rappresenti dee farsi giouane, imperoche il vino toglie l'intelletto a tutti, & gli fà priui di giudicio. Dee esser nudo perche ogni cosa in lui si vede palese,& si dee far così giouane come vecchio, & così maschio come femina, che per questa cagione in parte, oltre l'altre tolte da altre sue diuerse qualità gl'antichi diedero a Bacco tutti due i sessi. Gli s'hà anco da porre la ghirlanda in testa e formargli gl'occhi in guisa che paia di chiudergli, per diffetto del vino. Hà da esser giouane bello, per la mente che non hà punto in se di pensiero. E poi che con questi essempi assai mi par dichiarata questa ragion di fare ne ricordarò vn'altra che serue spetialmente per l'imprese, le quali si fanno di soli istromenti, contentandomi però per ciascuna di due ò tre al più si come farò di ciascheduno altro corpo, perche di loro ne son pieni i volumi de gli autori. Et ancora ch'elle si facciano per molte vie nondimeno io giudico ch'vna sia la migliore,& la più sicura de l'altre tutte. Noi sappiamo che tutti gli stromenti seruono particolarmente ad vn'arte, e che l'arti anch'esse sono sottoposte à corpi superiori come hò detto in diuersi lochi, oue hò notato ancora che a questi corpi sono parimente sottoposti sassi arbori, herbe, segni, lettere, & ciò che si contiene nel mondo,& che si può fare, & pensare, però sono gl'instromenti di diuerse nature, & significationi, anco in se medesimi. Imperoche vn'istesso instromento serue a bene, & anco a male come si può veder nelle armi sottoposte a Marte che la spada offende e la medesima diffende lo scudo porge aiuto per occidere il nimico, e quell'istesso i colpi ripara, & così gli altri tutti. Gli stromenti Musicali sottoposti alle Muse, ci porgono dolci suoni, & ancor in soaui e rochi inducono allegrezza e parimenti tristezza, e malinconia. I libri sottoposti a Mercurio, ci additano la diritta strada di qualunque cosa,& i medesimi insegnano la torta, trattandosi de i vitij come de le virtù. Perilche si fanno e rouesci, & dritti, secondo che si vuol

Forme di tutti gli strométi sottoposti alle arti.

Effetti contrarij in vn'istesso instrométo.

esprimere

esprimere la forza loro, gli ſtromenti religioſi ſottopoſti à
Gioue come Calici, mittre, lucerne, veſti, candelieri, & ſimili
à buoni ſon buoni, & a catiui ſon mali. La legge, la giuſtitia i
Magiſtrati co' i loro ſtromenti che ſono ſcettri, corone, & tito
li ſottopoſti al Sole, ſono giocondi à i giuſti, & à gli ſcelera
ti odioſi, recando à quelli premio, & à queſti caſtigo. Gli
ſpecchi, i pettini, i fili, liſci, gl'vnguenti, le tinte, & ſimili ſot
topoſti à Venere, apportano diletto, & contento à chi bene,
& à buon fine gl'vſa, ma ſono cauſa di peccato, & di perditio
ne à chi gl'adopera per vanagloria, per laſciuia, per contrafare
la bellezza naturale, & per malie. La terra ſottopoſta à Satur
no, produce frutti dolci, & amari, & ci ſomminiſtra i remedi,
& anco ci dà i veleni, gl'inſtromenti lunari, come carri, naui,
& altri, coſì à bene, come à male ci guidano, ſecondo che
l'huomo l'vſo loro indirizza. Si hà ancora da conſiderare, che
in tutte le coſe particulari, & generali, pigliando eſſempio fer
mo, & ſicuro nella conuenienza della formatione. Ogni frutto

vien da Gioue, l'accreſcimento vien dal Sole, i fiori da Ve
nere, le ſemenze, & iſcorce da Mercurio, le radice da Satur
no, il tronco ouer legno da Marte, & le foglie dalla Luna.
Et coſì la durezza, & fortezza è Martiale, la gratia, & bellez
za è Venerea, finalmente tutte le qualità procedono da uno
di queſti corpi ſuperiori. Mà perche in tutte le rappreſenta
tioni ſi ricerca diſpoſitione di atto è neceſſario, che di lei ne
dia alcuno eſſempio. Impero che ſi legge (benche oſcura
mente) appreſſo di alcuni auttori, che nelle linee, la curuata,

chinata, retta, & giacéte ſono di Saturno, e però ſi cōclude che
tali debbono eſſere i ſuoi atti; la dritta e perpendiculare, cioè
la robuſta, e diſpoſta, e di Marte, l'onduoſa della Luna, l'obli
qua, & transferente di Mercurio, il punto del Sole, la curuata
di Venere, & il circolo di Gioue. Laſcio da dir delle altre per
eſſere facili a ſapere. Il medeſimo ſi conſidera ancora nelle fi
gure geometrice a queſto propoſito. Percioche Pittagora, Pla
                                                        tone,

tone, Alcinoo, Calcidio, Macrobio, & Apuleio, hanno dato alla terra cioè à Saturno, il primo cubo di otto angoli solidi, di vintiquattro piani, & di sei basi; al fuoco cioè a Marte, la piramide di quattro basi di Triangoli, & d'altri tanti angoli solidi, & di dodici piani; all'aere, cioè a Gioue, l'octocedronte d'otto basi di triangoli, & sei angoli solidi, & vintiquattro piani; all'acqua cioè alla Luna l'idrocedronte di vinti basi, & dodici angoli solidi, & sessanta di piani, & al Cielo finalmente il Dodracedronte di dodici basi pentagone, & vinti angoli solidi, & di piani sessanta. E di qui si può comprendere la forza, & composizione delle composizioni fra di loro, generando noue figure, & disposizioni. Dalle quali pigliando essempio, il tutto si coseguirà senza che più distesamente se ne parli, per che quelli che hano ingegno studiando ogni cosa intenderanno da questo poco che è detto. Et così dirò de i colori de i quali si fauella nel terzo, & sesto libro. Mà per sapere la via di applicare queste cose tutte a qualunque proposito come sarebbe a dire se vn vol esse mostrare che co'l tempo farà l'opera si porrà prima per essempio lo stromento atto a quell'opera, come alla guerra la spada impugnata, alla Musica vna lira, & alle le ere vn libro, e poi si porrà l'istromento de gl'Astrologi detto tempo, il quale resta giacente, giusto, che è di Saturno e denota tempo, & è come hò detto, linea giacente, e lo stromento sia spada, lira, ò libro che sia in piede, che denota costanza, & forza di operare sotto Marte. Per la medesima via volendo accennar che vno non fà profitto in alcuna cosa, si porrà lo stromento giacente, & il tempo dritto disopra, che verrà a denotare, che habbia perduta la forza nell'opera, & il tempo non essere per lui in suo grado, occupando l'opera. Et volendosi rappresentar vno che sia superiore in vn'arte a tutti gli altri, si porrà l'istromento appropriato, come di guerra, la spada, ò scudo in piedi dinotado fortezza, & vittoria sopra molte altre che stanno giacenti in tutti i modi, che verrà a denotare

tare

Forme Geometriche date à gli elementi.

Istrumenti, & lor posture, & significati.

tare, gli altri non essere in fortezza, e però non imperare come la sua, e per tanto essere superiore. Così se volesse alcuno di-

mostrar vn principe tirrāno, & destruttore de' suoi popoli, per che quelli si hanno da considerare come soggetti, & poueri, d'ogni sorte, & natura, si possono raprefentare cō animali di mi nor forza de gli altri, come farebbe Talpe, Scimie, Lepri, & simili, che siano lacerati, d'animali più forti, & potenti come fa'ebbe il Becco dal Toro, la Volpe dal Lupo, la Colomba

da l'Acquila. Mà volendo per contrario esprimere i popoli rib'li, & persecutori del suo principe potrebbe fare vn'Arbo re d'cui le radici salissero alla cima, ilquarcāido, ouero oppri men lo i frutti (per i quali s'intendono i signori dedicati a Gioue) e così squarciati facendoli cadere, che così dinotano schiacciare il principe, & estirpare il dominio suo, sostenuto dalle radici, che gli sono basa, & fondamento come sono ver so i Signori i popoli dedicati a Saturno. E con questa via pro cedendo di mano in mano, non è dubio alcuno, che il picto re porrà formare ciò che vorrà considerando come hò detto, tutte le cose per dritta via, & più o meno, pigliando gl'influssi secondo che sono dominate da li corpi superiori. Cose che in questo loco non hò voluto minutamente porre si per essere elleno tante che vn grosso volume farebbono come per hauer additata la strada di trouarle, con le loro significationi. Oltre di ciò habbiam da sapere che con questa scienza, gli antichi Egittij soleuano descriuere in figura tutti i concetti della sua mente come noi facciamo con le lettere. Delle quali se ne ve dono i disegni in diuersi lochi per molti volumi massime ap presso di Oro Apolline, & del Pierio che si dimandano Hiero

glifici, cioè significationi di scolture sacre. Ne i quali si vede come gl'Egittij volendo descriuere l'huomo, imperfetto cer cauano animali di natura imperfetti, sotto la Luna, come la Rana, che alle volte si pone mezza perfetta di sua forma, & nell'altra parte è come cosa terestre, imperfetta, & sottoposta

all'acqua

all'acqua, cui mancando ch'essa manca. E volendo dimostrar come l'animo l'ira, & il furore dipingeuano il Leone
Solare, che dal Sole hà l'animo per calidità, & da Marte l'ira,
& il furore (che similmente è caldo). E co'l medesimo signifi-
cauano la fortezza applicata a Marte in lui. S'un vigilante vo
leuano accēnare toglieuano parimente la testa del Leone, per
la proprietà sua in questo applicata a Mercurio, che dal Sole
hà la luce, & da Marte la forza di vigilare. Cosi con l'istesso
Leone dimostrauano la timidità, per la materia che in lui è
sottoposta alla Luna, onde quando vede gli altri animali entra in paura mà poi è aiutato dal Sole suo Signore, che gli da
animo, da Gioue che gli da maestà, da Marte che gli da furore, da Saturno che gli da ostinatione, da Venere che gli porge
desiderio di superare il nemico, & da Mercurio che gli dà la
concordanza di tutti questi effetti, per li quali supera gli altri.
Et cosi per cōcludere si procede ne gli altri animali che similmente hanno in loro tutte le nature mà una principale & parti
colare, alla quale seruono tutte le altre più è manco secondo
che l'hanno dalla sua stella, come si può veder per esperienza.
Onde si vede che alcuni animali non offendono, & essendo
offesi offendendo gli altri non se ne dogliono, & altri di prima
offendono, & doppo l'offesa si dogliono, & altri diuersamente
nelle loro attioni procedono, le quali minutamente si hanno dà considerare per mostrare acconciamente sotto vēlame
ogni concetto. Il che può farsi ancora per hauer maggior cam
po co i puri membri del corpo, i quali hanno vn particolar significato per ciascheduno, secondo che lo riceuono dal suo
pianeta, ò segno. Si che se vn membro tocca l'altro, significa
vna cosa, & toccandone vn'altro n'accenna vn'altra, ancora
che ciò per l'oscurezza del negotio a questi tēpi sia malamēte
inteso, essendo però a chi mediocremente vi ponga studio facile come per essempio se la bocca Venerea bascia le mani
del Sole in bene, dinota riuerenza, & amore honesto, & cosi il

Forme differēti dā gli animali.

Membri, che diuer samente si toccano hāno diuerse signi ficationi.

bascio

bafcio d'ogn'altra bocca dar● puramente, è lecito, mà lafciua-
mente, induce luffuria, infiammando i cuori. Il toccar le parti
vergognofe, date alla terza Venere con la mano del Sole,
piena di opera, di honore, in neceffità è lecito, mà in lafciuia,
è cofa vergognofa, eda non effere veduta. E di qui nafce che
i più vfano fimili cofe, al buio Saturnino e non alla prefenza
del chiaro Sole, che li fà vergognare, fi come ci vollero accennare i Poeti fingendo ch'egli fcoperfe, & fece vedere a
Vulcano, & a gli altri Dei l'adulteri Marte, & Venere.

Dell'armonia, & compofitione dell'anima noftra, & de fuoi Gouernatori che la feppero moftrare in pittura. Cap. 33.

G LI antichi Filofofi intefa, & euidentemente conofciu-
ta la neceffaria compofitione dell'anima noftra che
chiamafi armonia furono di varie, & differenti opinioni frà di
loro, circa il modo co'l quale rifulti, & fi cagioni quefta compofitione. Mà per non effere più longo di quello che l'Idea
noftra ricerca, nella quale io mi fon propofto la breuità, lafciando di riferire ad una ad una l'opinione di tutti m'atterrò
folo a quella di Mercurio Trifmegiftro, la cui fapienza fegui-
rono prima i Bracmani, & doppo loro Empedocle Pitagora
Platone Hierocle il Principe de Peripatetici, e molti altri che
più alla verità fi fono auuicinati. E ne tratterò fotto la beltà
della pittura. E dunque quefta foprana armonia quella bellezza la quale in molte fpetie vien dimoftrata in quefto noftro corpo, da cui tutte le altre proportioni, & ragion di
comporre fi traggono feguitando quella maniera nella qual fi
vede effer proportionato effo corpo. E di qui nè caufata poi
quella confonanza armonica, che a gli occhi noftri con tanto
lor diletto

Autori dell'armo-
nia dell'anima.

lor diletto si para inanzi. Si che non è da marauigliarsi se la
pittura che sola è atta a rappresentarci questa armonia, è in
tanto diletto, & pregio a Papi, ad Imperatori, a Rè, & ad altri Principi di valore, che le opere di quest'arte, specialmente
appartenenti a religione, ò a guerra conseruano appresso di se
cò tanto studio, & cura che per niuna altra cara cosa si potrebbero indurre a priuarsene: parlo di quelle che sono vscite di
mano de i più gran pittori dell'arte nostra che furono acutissi-
mi in penetrar questa altissima armonia, conoscendo che per
mezo di quella erano per consecrar le lor pitture all'imor-
talità. E però ciascuno di loro pose ogni suo studio, & industria per comprender perfettamente questa armonica beltade
e principalmente Leonardo, Michel Angelo, & Gaudentio.
I quali peruénero alla cognitione della proportione armonica per via della Musica, e con la consideratione della sabrica
del corpo nostro, il quale anch'egli con musico concento è sa-
bricato; si come nel seguente capitolo, & in altri lochi di questo libro si discorre. Imperoche si come huomini d'ingegno,
& eruditiongran dissima cósiderarono che la consonanza del-
l'anima è fatta del debito temperamento, & proportione delle sue virtù, & operationi. Le quali sono concupiscibili, ira-
scibili, & ragioneuoli, che in questo modo si proportionano,
Percioche la ragione con la concupiscenza hà la proportione
diapason, cò l'iracondia hà la proportione Diatesseron, e l'ira-
scibile con concupiscibile hà la proportion Diapente. E con
tali ragioni rappresentarono questi huomini più che humani
proportiohatissimi i corpi e i moti, e gli affetti delle anime armonici. E con ciò si sono acquistata quella fama e quel glorio
so grido, che di loro sempre più chiaro risuona in tutte le parti del mondo. Perche con lo studio che vi posero, e con la prattica che vi congiunsero, s'agguagliarono secondo se à i celesti
gouernatori, e i quali hanno hauuto vna natural armonia, &
con quella procedendo, hanno felicemente dimostrato al

(marginalia)

Armoniche pitture quanto han care à tutti i Prencipi.

Pitture espresse armonicamente ciò che fanno.

Pittori che conobbero queste armoniche proportioni dell'anima, & del corpo.

Proportioni dell'animo come siano concordate.

mondo tutte quelle parti, & bellezze in pittura ch'in loro largamente hauea infule il grande Iddio, imitando nel più bello, & eccellente modo, la natura e spiegando tutto quello che la méte humana può imaginare. Onde vediamo che in Titiano furono infusi i moti armonici secódo l'anima sua, dall'ultima sfera, ò corpo celeste secódo il suo cócento ch'è la Luna Dalla quale egli hebbe la virtù di crescere, & scemare i lumi, & le ombre nelle carni, & in tutto quello che si può mostrare col pennello, & hebbene anco la forza del fingere con vaghissime inuentioni, sopra quanti sono stati i paesi, & del ritrarre dal naturale. Il Mantegna hebbe da Mercurio la prontezza del far tutte le cose con ragioni armoniche, e có la prontezza vna singolare arguria. Rafaello hebbe da Venere la virtù del formar le donne, & le fanciulle tanto belle e leggiadre, che più non pare che possa far l'istessa natura, si con honestà come con lasciuia. Hebbe in oltre la virtù di fabricar penetrar, & intender tutto quello che volle, e la gratia del dar grandezza, & maestà singolar à i suoi ritratti, rappresentàdoli più belli, e leggiadri del naturale, rassimigliandolo però tanto che niente più si può desiderare, & d'esprimer nelle altre figure così di vecchi come di giouani, vn'aria così felice, & armonica, che per non poterlo con parole spiegar quanto dourei m'eleggo di tacere. Leonardo riceuè dal Sole il valore del formar tutto quello che possa ingegno humano già mai speculare, & imaginare nelle sette arti liberali, e dà dimostrare prattieamente in disegno, quello che altri non che fare, ma ne pur potrebbe cap... e. A Polidoro furono concessi da Marte i moti furiosi empi fieri colmi d'ira, & di maestà talmente che nelle guerre rappresentare da lui chi vuol notare, & esprimer conueneuolmente la gran furia, & prontezza delle sue figure, & dell'altre cose ch'egli hà formate col suo armonico pennello resta vinto, & confuso solo a pensarui. A Gaudentio fù donato da Gioue, la forza del disporre con prattica, & religione tutte le
cose

Iddio orna gli animi de' Pittori per mezzo di Gouernatori.

Armonice oroportioni del vltimo cielo.

Armonice proportioni del sesto cielo

Armonice proportioni di quinto cielo.

Armonice proportione del quarto cielo.

Armonice proportioni del terzo cielo.

Armonice proportioni del secondo cielo.

cofe che già mai vfcirono dal fuo mirabile pennello. Vltima-
mète in Michel Angelo furono infufi da Saturno i moti recet-
tiui, colmi di memoria, & ftabilità, i quali nelle figure fue fono efpreffi con tanta maeftà, & grandezza, che penfo di certo
che egli non fia per hauer mai alcuno che l'appreffe fe non con
longo interuallo. Mà perche cofi di lui come de gli altri fe ne
ragiona per tutta l'opera, io lafcierò di trattar più longamente quefta parte, & ragionerò folamente di loro quanto alle
varietà delle proportioni celefti, infufe variatamente in effi
nel penultimo capitolo di quefta mia Idea. Della qual celefte armonia delle Stelle ne fcriffe muficalmente l'antichiffimo
Pitagora facendo muouere Saturno co'l concento Dorico,
Gioue col Frigio, & cofi tutti gli altri. Onde chi nafceffe al
mondo ornato del dono di tai concenti farebbe il primo Pittore che in lui foffe ftato ò foffe per effer mai. Hora feguiterò
di trattar delle proportioni, & figure del corpo humano, &
poi de i fuoi membri vguali fra di loro, & con armonia compofti, e de i moti che in loro fono dall'anima proportionatamente generati. I quali mirabilmente fono ftati dimoftrati
da quefti Gouernatori al pari de gli antichi Greci; i cui perciò le tauole, & pitture furono con grandiffimo trionfo, & gloria portare a Roma per la bellezza loro da gli antichiffimi Ro
mani, che le tennero in fomma veneratione, fi come hanno
lafciato fcritto la maggior parte de gli autori antichi. E fe
Ben elle dal tépo e dall'inondationi de i Barbari ci fono ftate
tolte, non per quefto i moderni pittori hanno gran fatto da
defiderarle. I quali per grandiffima fua ventura, & felicità
poffono compitamente fodisfarfi delle opere di quefti fette lu
mi dell'arte noftra, che effendo proportionati di corpo, & di
fpirito, hanno efpreffo nelle cofe fue certe parti in tanta eccel
lenza ch'è ftata leuata a loro, & a gli altri la fperanza di poter
a gran pezzo arriuarle, facciafi quanto fi vuole con tutto lo
sforzo dell'arte e dell'ingegno. Et di quest'opere fegnalate
m'è parfo.

Armonici propor-
tionati dil primo
cielo.

Armonie delle
Stelle.

Tauole diuerfe cō
dotte à Roma.

Eccellenti hanno
efpreffo alle volte
vna pittura cō tāta
arte, ch'eglino ftef
fi non vi poffono
poi aggiungere.

m'è parso di far mentione qui di due ò tre più principali,& rare di ciascun di loro massime in fresco, & in oglio. Nelle quali eglino hanno dimostrato tra l'altre parti vna singolar velocità, & prontezza del suo lauorare, come è facile à scorgere à chi intende. E per cominciar dal Buonarroto vi è il Profeta Isaia, ch'è nel volto sopra il suo giuditio in Vaticano, & il Giona che sono figure maggiori del naturale, & in scultura la Vergine co'l figliuolo morto in braccio, cui si dice la Madonna della febre. Di Gaudentio è in Valdugia in vna Capella appresso alla piazza, vna Vergine co'l figliuolo in braccio, cō Santo Francesco, & Santo Georgio, & in Varallo la passione di Christo, di pittura, & di rilieuo con gli Angioli in scorto, che si dogliono della morte del Redentore, & in Vercelli, la vita di Santo Roco al suo Hospitale. Di Polidoro sopra la facciata de Gaddi in Roma è vna Regina che và per sacrificare, con altre figure per il sacrifitio, & in vn'altra facciata, è vn' Altea coperta, & affocata da gli scudi de soldatti. Di Leonardo è la ridente Pomona da vna parte coperta da tre veli che è cosa difficilissima in quest'arte, la quale egli fece à Francesco Valesio primo Rè di Francia, & in Milano in Santo Francesco la Concettione della Vergine, & nel Consiglio di Fiorenza la miracolosa battaglia contra Attila. Di Rafaello è in Roma in Santo Agostino vn Profeta, con due fanciulli dalle parti, nella Pace le Sibille, in Santo Pietro Montorio la transfiguratione di Christo, il ritratto di Papa Giulio Secondo in Santa Maria del Popolo co'l dissegno del giudicio sopra le tre Dee di Paris Troiano. Nel quale se hà da dirsi il vero, e per la inuentione, e per il decoro, & per i moti hà mostrò tanta eccellenza ch'io tengo di certo che se egli fosse stato à tempi antichi non harebbe ceduto a quei famosi pittori non che à questi che sono stati à tempi moderni. Del Mantegna è in Mantoua il triofo di Cesare, per cui meritò d'esser fatto Caualiero, & in Beluedere di Roma vna Cappella ch'egli pinse à Papa

Innocentio

Pitture vniche al mondo.

Opere del Buonarroti.

Opere del Ferrari.

Opere del Caldara.

Opere del Vinci.

Opere del Sancio.

Opere del Mantegna.

Innocentio Ottauo, nella quale con molte figure vi era Chri-
fto che fi battezza. Finalmente di Titiano, e in Venetia fopra Opere del Vecelio
la porta del fondaco de'Tedefchi, vna Giudith,& vna donna
nuda apprefſo alla medefima facciata, & in vn quadro, vna
Venere che dorme con Sattiri che glî fcoprono le parti più
occulte,& altri Satiri intorno che mangiano vua,& ridono co
me imbriachi, e lontano Adone in vn paefe, che fegue la caccia. La qual pittura è reſtata à Pomponio fuo figliuolo dopò
fua morte. E v'è anco vna Maddalena in oratione, quale fù
copiata per mandare ad Imperatori,& à Principi diuerfi. Vi
fono altrefi molti ritratti, mà il più raro che mai gli vfcifſe di
mano fù quello di Francefco Maria primo Duca d'Vrbino.
Di queſte opere parte ne hò io veduto e parte le hò vdite cô- Autore hà veduto gran parte di que-ſte opere.
mendare da i più rari pittori, & fcultori che vi fiano. E perche
non è ſtile ne ingegno humano che poſſa aggiungere alle fue
lodi, m'è baſtato folo à nominarle femplicemente fenza lodar
le. Mà doppo queſte non fono da paſſar fotto filentio le pitture con grandiſſima ragione proportionate di Bramante, al- Opere di Braman-te.
le quali egli diede i lumi cofi fieri, & regolati cô le ombre, & i
lor mezzi che la natura propria gli reſta appreſſo fredda, e fecca, come fi vede nel Chriſto legato alla colonna il quale e hora
nel tempio di Chiaraualle poco lungi da Milano, e nella facciata de i Pirouani in Milano in Porta Orientale, oue fi veggono le figure con tanta maeſtà, & moto, che tutti i pittori fe
ne poſſono confondere, e marauigliarfi non che difperare di
poterle à gran pezzo aggiungerle. E fono il Pò fatto in guifa
di Rè per eſſer egli capo di tutti gli altri fiumi, il qual tiene nel
la mâca il cornucopia, & nella deſtra l'aſta co'l vafo in cima, &
Amfione il quale canta nella Lira. Et ui fono ancora due figure aſſife, vna delle quali è Giano edificator di Genoua co'l
fuo dominio in mano, & nell'altra è il valore della Italia tutto
ignudo co'l baſtone in mano fi come quello ch'è fuperiore à
tutti gli altri Dominij, & Prouincie.

K 3   Delle

Delle proportioni del corpo humano, & come da quelle furono cauate tutte le fabriche del mondo. Cap. 34.

IL corpo humano, il quale è vn opera perfetta, & bellissima fatta dal grande Iddio à similianza della sua Imagine, con grandissima ragione è stato chiamato mondo minore. Per che contiene in se con più perfetta compositione, & con più figura armonia, tutti i numeri, le misure, i pesi, i moti, & elementi. Onde da lui principalmente, e non da altra fabrica che vsciße dalla mano d'Iddio e dalle sue membra fù tolta la norma & il modello di formar i Tempij, i Teatri, e tutti gli edificij con tutte le sue parti come colonne capitelli canali, & simili nauiglij machine, & ogni sorte d'artificio. E cosi l'istesso Iddio insegnò a Noè fabricar l'arca secondo la misura del corpo humano, delle cui parti per tutto il trattato doue richiede il loco si ragiona. Mà venendo ora à quello ch'è mio principal intento di mostrar come da questo corpo humano, e da gl'atti suoi vengono à formarsi tutti i corpi Geometrici, da i quali poi tutte le forme sono composte, chiaro è che prima la sua misura è rotonda, & viene dalla rotondità, & in quella finisce come ogn'un può vedere. Però da lui ne fù primieramente leuato il circolo in questa maniera stando egli dritto in piedi, cò le braccia alte, tanto che le mani arriuino sopra la testa, quanto si può imaginare, viene ad esser il punto nell'ombelico, il qual è quello che il proprio centro. Et di qui il circolo si comprende girando all'estremità delle dita delle mani, & de i piedi. E non solamente da tutto il corpo mà dalla mano sola traesi il circolo perche piantando il compasso nel palmo, & allargando le ditta con l'altra punta del compasso, si vanno trouando tutte le estremità delle dita, con che se ne forma vn circolo. Secondariamente da lui si è tratta la misura quadrata, & si

ritroua

Corpo humano contiene in se tutte le proportioni del mondo.

Noè formò l'arca secondo la misura dil corpo humano.

Corpi Geometrici piani nascono da gli atti del corpo humano.

Circolo fù cauato dal corpo humano.

Quadro come si ritroua cosi nel corpo humano.

ritroua ftando egli con le braccia aperte giufto in piedi dritto, perche il fuo centro viene ad effer il petrignone, & gli angoli re ſtano equilateri. Mà fe fopra il medefimo centro ſi farà vn circulo dalla ſommità della teſta tenendo le braccia tanto baſſe che tocchino la circonferenza del circolo, & allargando i piedi ſino alla medeſima circonferenza, allora quel circolo genera vn perfetto pentagone. Imperoche da l'un piede all'altro farà vna quinta, da l'un piede ſino doue tocca la mano farà vn' altra quinta, et parimenti da qui farà altrettanto ſino al ſommo della teſta. Se poi ſi tirerà dall'altra mano vna linea, & dalla deſtra vn'altra al ſiniſtro piede, & da la ſiniſtra vn'altra al deſtro piede, & da ciaſcheduno de i piedi vna alla teſta, ſi farà intorno al pettine nelle interfecationi di queſte linee, vn'altro pentagone perfetto. Et da queſte miſure e non da altronde lo traſſero gli antichi. Appreſſo ne traſſero il triangolo equilatero con queſto difcorfo. Imperoche tanto è da l'un calcagno all'altro quāto è da ciaſchedun calcagno all'umbelico, e però ne vengono à naſcere tre parti vguali frà loro. Coſi il quadrato equilatero fù leuato ancora dalla miſura di queſto corpo noſtro in altra maniera, cioè allargando l'huomo le gambe quanto può, & alzando le braccia allargate in modo che tanto ſia da l'una all'altra, quanto è da l'una punta de i piedi all'altra. Onde il ſuo diametro viene ad eſſere nell'vmbelico, il quale può ancora eſſere centro, come circolo perfetto, la cui circonferenza toccarà tutte le eſtremità de'piedi, & delle mani. Et in queſta maniera fù leuato ancora il circolo perfetto. Da cotali miſure i Geometri, & gl'Aritmetici s'imaginorno poi non ſolo per il circolo, i feſſagoni, ottagoni, & ſimili figure piane, mà anco i primi come principali, & regolari, co i quali ſi legge che i Platonici ſoleuano far coſe ſtupéde. E prima dal triangolo equilatero, che è anco il numero del tre formarono il corpo thetradedron piano folido, & vacuo di ſei linee equali, di dodeci angoli piani, & di quattro folidi, & di

Pentagone come ſi ritroua nel corpo humano.

Triangolo come ſi leua dal corpo humano.

Quadrato equilatero fù ancora leuato dal corpo humano.

Corpi Geometrici tondi in qual modo furno leuati da gli altri piani.

quattro bafi equilatere, e parimenti il corpo abfcifo folido, &
vacuo. Dalla figura quadrata equilatera, ch'è ancora il quattro numero, ne cauarono l'heffaffedron ouer cubo piano folido, & gli altri tutti. E cofi feguendo dalle altre traffero l'otta-
cedron con gli altri fuoi corpi dipendenti che afcendono al
numero di fei, & l'hotrocedron co'i fuoi dipendenti vacui,
abfcifi, & eleuati e'l dodecaedron co'i fuo feguenti, & altri cor
pi varij, come di vintifei bafi, folidi, vacui abfcifi, & leuati, &

Architetti traffero
da i corpi Geome-
trici tutte le forme
delle colonne.

di fettantadue bafi folide, & vacue. Gli architetti anch'eglino
dal triangolo traffero fuora la colonna laterata, e quadrango-
lare, & le piramidi laterate piene, & vote. E dal Pentagone figura ch'è ancora il numero cinq; fecero la colonna laterata di
cinque faccie, & la piramide. Mà dalla figura feffagona che è
ancora il numero del fei cauarono la colonna laterata di fei
faccie, dal circolo che è il numero del diece, la colonna rotonda, e parimenti la piramide fenza faccia con la sfera folida.

Proportioni delle
lettere fi trouano
nel corpo humano

Finalmente per concludere nel corpo humano fi trouano ancora tutte le proportioni delle lettere, parlo delle antiche, le
quali può fcorgere ogn'uno che non poffono hauer gratia, fe
non cauano la fua forma dal corpo humano. Imperoche la lettera. A. fi caua, come tutte le altre, dal quadro, & dal tondo,
& la fua gamba groffa fi caua dal piede, & la ftretta dalla faccia. Infóma da quefto corpo deriuano quante mifure fi poffono imaginare, come fi legge più copiofaméte nel mio trattato.

Delle mifure uguali delle membra del corpo humano & come da quelle nafcono le proportioni, & le armonie: Cap. 35.

SI come dall'uno tutti i numeri pigliano il principio loro,
& dal punto la linea fimilmente deriuar fi vede, cofi dalla faccia

la faccia humana per conofcerfi in lei le affettioni dell'animo,
& p effere ella la piu principal di tutto il corpo humano(onde
anco fi lafcia difcoperta) fi pigliano le giufte,& proportionate
mifure di tutte le rimanenti parti del corpo humano. E prima Mifure vguali della faccia, & lor fignificationi.
nella faccia fono tre fpatij giufti, & equali. Il primo comincia
nel principio della fronte, doue nafcono i capelli, & difcende
fin giù trà le ciglia, al cominciar del nafo. Il fecondo è da quì
alla cima del nafo. Il terzo infino all'eftremo del mento. La
prima parte del capo con la prima della faccia, è il feggio della fapienza. La feconda fi dona alla bellezza. Nella terza parte alberga la eloquenza fecondo l'opinione de gli antichi Fi-
lofofi. Or paffando alle particolar mifure del corpo humano, Mifure fefte del corpo humano, & del cubito de i palmi, & dita di effo.
vn piede fà la larghezza della fua cintura, fei palmi fanno vn
cubito, & quattro fanno vn piede, quatro dita fanno vn palmo, & turat la longhezza dell'huomo è di vintiquattro palmi,
di piedi fei, & di nouanta fei dita. Il piede d'un corpo robufto,
& bè quadrato è la fefta parte del corpo, e de gli altri più alti è
la fettima, fi come dicono Varrone, & Gellio. Il corpo huma-
no non può paffare l'altezza di fette piedi. La tefta del huomo corpo humano partito in otto tefte.
dal mento alla fomità, è l'ottaua parte del corpo,& altrettan-
to è dal gombito alle fpalle. Dall'vmbilico al fin de' tefticoli
è ancor l'ottaua parte. Noue faccie fanno vn huomo quadrato Noue faccie fanno ancora la mifura del corpo humano in altezza, & larghezza.
& proportionato. Percioche la faccia fino al mento fà vna, dal
fine della gola, ouer dal principio del petto al principio dello
ftomaco fà vn'altra, da indi all'vmbelico fà la terza, da qui al
fin del pettine fà vn'altra, dal pettine al ginocchio fà due, & da
qui al nodo del piede due altre. Le quali tutte fanno otto, mà
dalla fronte alla fommità della tefta, & dal mento al petto per
la gola, & dalla cauicchia del piede alla pianta tutti quefti trè
fpatij fanno la nona. E perche quefta figura tanto è nell'aprire
delle braccia, quanto è la longhezza fua, è neceffario dichia-
rare come fiano tante parti. Cominciand adunque da gli homeri, & difcendendo per lo gombito infino alla prima giun-

tura

rura delle dita, & di dietro dalle ascelle fino all'ultima parte della palma doue cófinano le dita, fono tre faccie per vno, che fanno fei faccie. Le dita poi de l'una, & l'altra mano, fanno vna faccia, tanto, che fono fette; La ottaua, & nona fi comprende due fiate dall'uno homero all'altro, quanto è due faccie. Or perche la maggior grandezza del corpo humano, che fupera questa già detta, è quella di diece, & è la grandezza più lodata, quindi è che fi mette la fua mifura in diece faccie. La prima comincia dalla fomma altezza del capo, & finifce nelle vltime nari; la feconda, daindi fino al principio del petto, la terza, fino alla fommità dello ftomaco; la quarta cade nel bellico, & la quinta finifce nell'inguinaglia. Le altre cinque parti, poi dall'anguinaglia terminano fino all'eftremo piede. Si mifura ancora quefto belliffimo corpo co'l cubito, il quale è quella grandezza che nafce dal gombito, fino al dito di mezzo, & è la quarta parte del corpo humano. Percioche la prima mifura è dalla fommità della tefta, fino nel mezzo del petto tra le mammelle, la feconda di là termina all'anguinaglia, la terza finifce fotto il ginnocchio, & la quarta all'eftremo de i piedi. E cofi all'apertura delle braccia, fi comprende la larghezza de gli homeri, i quali non deono ecceder tal mifura. La groffezza del perfetto corpo humano fotto le ascelle, è due cubiti di circuito, fotto le mammelle de gli huomini dee effer tanto diftante l'una dall'altra, quanto la compofta longhezza del volto, mà nelle donne non fi accommoda tal mifura. La longhezza d'ambidue quelli fpatij, che dalle mammelle fi partono, & finifcono alle ascelle feparatamente è quanto la metà della giufta faccia. La larghezza del petto proporzionato e due faccie ouero vn gombito, fecondo alcuni, & tanto fono diftanti le mammelle dalla forcella della gola, quanto è da l'una all'altra. Et chi tiraffe vna linea, le altre due linee afcendenti alla forcella della gola caufarebbero vn triangolo equilatero. I piedi di quefta maggior ftatura non poffono paffare la fettima.

Diece faccie fanno l'altezza, & larghezza del corpo humano.

Corpo mifurato có il cubito.

Forma humana partita in fette parti.

la settima parte in longhezza. Onde si caua che il diametro della grossezza proportionata nō eccede vn piede giusto. Dal braccio destro del gombito, alla giuntura della mano, & dalla metà del petto infino à gl'argini delle labra superiori, & dal medesimo petto discendendo alla concauità del bellico è la medesima quantità di spatio. E tanto è dalla pianta del piede infino al muscolo della gamba, & da questa parte in fino alla metà della rota del ginocchio. E tutte queste parti sono vna settima del corpo humano. La grossezza della testa misurata con vn filo per la cima della fronte fin dietro alla nuca doue terminano i capelli, ouero cominciando tra le ciglia a confino del naso, per la sommità del capo trascorrendo fino al principio del collo di dietro, è vguale in tutte due queste misure all'ampiezza del petto tra l'uno homero, & l'altro, e verrà sempre ad esser la quinta parte della detta statura humana, per longhezza, & larghezza. Mà perche meglio s'intendano le passate, & le future proportioni da i pittori, & da gli scultori, come si hāno da pigliare, bisogna che si sappi che cosa sia l'anima, la quale è quella che discende dalla testa alla pianta de piedi, per il mezzo, & parimenti dall'una mano aperta all'altra. Perche in quella hà da collocar il pittore secondo le date, & conuenienti misure rettamente i suoi diametri in croce. Con ciò sia che circondando dietro all'estremita de i membri non farebbe nulla. E per sapere questo vederà le figure disegnate nella Simmetria del Durero, oue comprenderà la linea che passa per il mezzo della figura che è l'anima sua. L'istesso hà da far anco lo scultore sopra vn bastone co' i suoi diametri à luoghi loro, tirando poi sopra la circonferenze de' membri le istesse circonferenze proportionate. Or venendo alla longhezza di questo corpo, primieramēte leuando le braccia in alte, il gombito arriua alla sommità della testa, e per rispetto delle altre misure che sono vguali; quanto è dal mento al principio del petto, tanto è la larghezza del collo, quanto è

dal

Misura del corpo humano partita in cinque parti.

Anima delle figure ciò che sia al pittore.

Anima delle sculture come lo artefice le hà da fare.

Misure diuerse è vguali fra di loro.

dal principio del petto all'umbelico, tanto è la circonferenza
del collo; quanto è dal mento alla sommità della testa, tanto è
la larghezza della cintura. Mà circa la grossezza, cominciando dall'vmbelico alla schiena, quanto è vna faccia, tanto è dal
mento al nodo della gola, quanto è dal naso al mento, tanto è
dal groppo al fine della gola, & al nodo ouer principio della
gola. La cócauità de gli occhi, al cerchio di dentro dall'occhio
tanto fà, quanto la proeminenza del naso; & quanto è lo spatio dal primo labro alla punta del naso, & queste tre parti sono vguali. Gli occhi tanto sono distanti l'uno dall'altro, quanto è la larghezza d'un di loro, e tanta è anco la larghezza del
fondo del naso. Pigliando vn compasso, & ponendo vna punta al naso, & con l'altra circuendo le ciglia più lontane, fino
all'uno e l'altro fondo dell'orecchia si troua la larghezza giusta della faccia. Dall'vgna dell'indice all'ultima sua giuntura,
& di qui fin doue si lega la mano co'l braccio nella parte di
fuora, & in quella di dentro dall'vnga di quel dito di mezzo,
fino alla giuntura sua, & d'indi alla mano ristretta, sono proportioni vguali frà loro. Il maggior nodo dell'indice fà l'altezza della fronte, & fino all'unga è vguale al naso, lasciando
però quel poco spatio dalle ciglia al naso. Il primo, & maggior nodo del dito di mezzo, è vguale allo spatio che è trà il
mento, & il naso. Il secondo nodo è tanto, quanto è tra la bocca, & il mento, & il terzo è tanto quanto è tra il labro di sopra,
& il naso. Tutta la mano è quanto è tutta la faccia. Il maggior nodo del pollice, fà l'apertura della bocca; & quáto è dal
mento all'ultimo labro tanto è dal labro di sotto al naso. Le
vgne sono la metà di tutti gli vltimi nodi, i quali sono detti
Onichios. Tanto è dal mezzo delle ciglia à i canti esteriori de
gli occhi, quanto è da quelli alle orecchie. L'altezza della
fronte, la longhezza del naso, & larghezza della bocca sono
vguali. Similmente la larghezza della mano, & quella del piede, sono il medesimo, l'altezza che è da da i calcagni al collo,

                                                              è vguale

è vguale alla longhezza del piede. Dal collo alla pianta del piede, è tanto quanto è la larghezza della gamba, dalla sommità della fronte al mezzo de gli occhi, & dà quelli al fin del naso, & dal naso al mento, le parti sono vguali. Le ciglia degli occhi giunti, fanno tutto l'occhio, & i semicircoli delle orecchie fanno la bocca aperta; onde i circoli de gli occhi, & delle orecchie, & della bocca aperta sono vguali. La distanza dall'un occhio all'altro è diuisa in tre parti, le due dalle parti sono de gli occhi, & del naso, e quella di mezo occupa la parte di mezzo d'l naso. Tra'l mezzo d'l capo alle ginochia di sotto, il mezzo è l'vmbelico. Dal principio del petto al naso il mezzo è il groppo della gola. Dalla sommità della testa al mento, il mezzo sono gli occhij. Dal naso al mento, il mezzo è il labro disotto, & la terza parte di questa distanza è dal naso al labro di sopra, la grossezza delle gambe, coscie, braccia, dita, & gombito così nella parte di sotto, come nella parte di sopra, e così nella coscia, come nella gamba, tanto dee essere, quanto è la larghezza, & profondità delle istesse membra. Sono oltre di questo tutte le misure consonanti tra loro, per molte proportioni, & concenti armonici. percioche il dito grosso, il qual è detto pollice al braccio nel fin del pesce appresso il polso, & la giuntura della mano in misura circolare, è in proportione doppia sesquilatera, contenendo quella due volte, & mezza, come cinq; a due. Da quello alla congiuntion del braccio nel pesce, vicino alle spalle, triplicata la grandezza della gamba co'l braccio hà proportione sesquialtera, come del tre al due. Et la medesima proportione è di tutto il collo alla gamba. La proportione della coscia al braccio è tre volte. La proportione di tutto il corpo al tronco, ouer petto, è sesquiotaua. Dal petto alle gambe fino alle piante, è sesquitertia. Dal petto cominciando dal collo fino all'umbelico ouero lumbi, ouer al ventre, fino alla fine del tronco, ò petto è doppia. La larghezza de i fianchi alla larghezza delle coscie, è sesquialtera.

concenti armonici sopra le proportioni del corpo humano.

Dal

Dal capo al collo è trè volte, e dal capo al ginocchio, triplicato, la lóghezza della fronte tra le tépie, è quattro volte alla sua altezza. Queste sono le misure che si ritrouano da luogo à luogo, có le quali le membra del corpo humano, secondo la lor altezza, longhezza, larghezza, & circonferenza conuengono tra loro. Le quali sono tutte partite per molte proportioni patienti, ò miste, da cui viene vna grande armonia. Mà lasciando or mai di più dir di queste proportioni doppie, & triplicate, parmi tempo che passi à trattare de gli elementi, & lor corrispondenze armonice.

Come s'infondano le proportioni frà di loro, e da quelli nascano gli affetti, & moti nostri Cap. 36.

REsta hora ch'io dimostri quanto sia necessaria per dar i moti conuenienti à corpi, la cognitione della grandezza, e picciolezza di ciascun corpo, sicome hò accennato di sopra, & se ne fauella nel primo, & nel sesto libro del trattato.

Bellezza, e bruttezza è causata ne' corpi dalle proportioni,

Perche dalla quàtità del corpo risulta quella bellezza, & bruttezza, che appare conueniente alle attioni, che il corpo fà particolarmente. Et ciò nasce dalle proportioni trasferite frà di loro. Le quali ragioni intesero i gran mostri antichi, per conoscere con modo euidente gli affetti di ciascun membro secondo la forma loro. Or delle principali proportioni frà tutte le altre dirò in questo capitolo, & insieme de gli affetti suoi, co-

Pittura dimostra tutto quello che si può desiderare.

me di parti necessarie tanto à quest'arte che per mezzo loro si vengono à conoscere tutti gli affetti, & moti che si possono desiderare. E con questa cognitione si vengono à fabricar i

Faccie dissimili di natura.

corpi conuenienti alla natura sua, tal che si conoscerà vn Giuda, di faccia di traditore, Pietro colmo di ardire, & il loro maestro, e Christo Signore nostro differente da gli altri, & massime

fime da i maluagi Giudei che lo crucifigono. Et cofi tutte le altre varietà, & differenze fi potranno ragioneuolmente intro durre ne' corpi. Ancora che non però fempre fi habbia à fare vn medefimo huomo d'un iftefla forma, come per effempio fempre crudele; quale fi dipinge Paulo mentre perfeguita i Chriftiani. Percioche l'ifteffo dopo che battezzandofi cangia natura, cofi hà da cangiar la forma de' membri, non già che di longhi, diuengano corti, ouero di fottili, groffi : mà fi gli hanno da leuar gli affetti crudeli, i quali ftanno ne gli angoli de l'un membro, & l'altro, e ne la loro difpofitione. Onde fecondo i moti loro continuamente tengono, del crudele, & fiero come fi vede continuamente ne gli affaffini bofcarecci, i quali mentre viuono in quella vita hanno vna ciera riftretta, & rab buffata, con fierezza d'angoli. Mà leuandofi da quella, & tor nando à miglior coftumi fi gli vede rafferenar il volto, & ad dolcire i mébri, di modo che l'aria gli fi fà più dolce, ampla, & affabile. Et con quefta confideratione fi può ancora dipin gere in Chrifto giudicante, vna fierezza mifta con maeftà, fi come in giudice terribile, e mifericordiofo, inchinando tutti i membri all'affetto fuo, come che gli occhi piaceuoli, piglino del fiero, & le ciglia graui, s'offufchino, & cofi tutti gli altri, cô tal ragione fi muouano. Tali anco fi potranno dar le propor tioni in Mario d'Arpino come la faccia terribile, e fpauentofa anco nelle piaceuolezze, mà nelle guerre ftragi, & occifioni, nel colmo della terribiltà fi che nô fi poffa veder ne imaginar fi con la mente cofa più horrenda, ne ofcura, facendo entrare gli occhi fieri nella iftefla fierezza, e le fofche ciglia, nell'iftef fa ofcurità e fpauento. Et cofi tutti gli altri membri fi forme ranno con l'iftefla furia, & terribiltà, doue vna faccia di for ma di membra piaceuole non gli potrebbe andare appreffo. E chi faprà offeruare quefte proportioni, fia certo che hauerà acquiftatofi affai, per ifcaturire di qui il bello, e'l buono dell'ar te, fendo che per cotali introduttioni, viene à rapprefentarfi
la propria

Nature diuerfe e-
fpreffe in vn corpo
per gli angoli delle
proportioni.

Aria del volto mu
tabile fecódo i co-
ftumi;

Mario d'Arpino di
faccia terribile.

la propria varietà delle nature, & degli affetti delle faccie, de gli animi, & d'ogni qualità, & paffione delle figure rapprefentate, fi come offeruarono gli antichi pittori in Caftore, & Polluce. Ne' quali come che foffero nati gemelli, non di meno in vno dimoftrarono natura, & inclinatione al combattere, & nel l'altro efpreffero ageuolezza al correre. Cofa che con altro non potero confeguire, fe non co'l mezzo di quefta cognitione. Con la quale altrefi quando voleuano rapprefentare Venere turbata, tuttauia con la belezza de i membri ui moftrarono ancora mifta la piaceuolezza. E quando allegra, & humana voleuan dipingerla tale la formauano, fi che porgeuano a riguardanti il fommo della dilettatione; fi come può comprenderfi nelle tante ftatue antiche di lei, l'arie & membra delle quali non fi poffono có tanta dolcezza imitare da maeftri per altro valentiffimi, non per altro, che per non poffeder loro cotali ragioni, le quali effendo fuori dell'arte, nell'arte nó fi trouano, mà fi ben nelle fecrete ftanze della Filofofia naturale, & fi hanno per ifpetiale dono che da Iddio à pochi fi concede. Or fi come le armoniche proportioni, cofi le fconcertate ancora da gli ifte & fette pianeti, & gouernatori fono in noi malamente per le ragioni infufe ne i membri noftri per cagion de gli elementi, perche tra di loro fono concordi per li membri fuoi come già hò notato nel capitolo vigefimo fefto E da ciò nafcono le fproportioni noftre, effendo ciafcheduno fottopofto malamente a fuoi pianeti, cioè in effi fproportionato, come farebbe à dire ò troppo groffo, ò troppo fottile, ò torto ò di colori diuerfi. Da che ne nafcono tante varietà di nature quante fi trouano al mondo. E però cominciando dal corpo de i Martiali, egli è ò troppo fottile ò troppo longo, e porge la faccia alzata in dietro, la quale è o magra ò graffa, ò hà fimili altre varietà. All'incontro i Gioniali hanno il corpo grande, e groffo; i Mercuriali fono piccioli, magri, diritti, & alle volte alquáto longhi; i Saturnini fi piegano auanti, & hanno

le mani

Caftor e Polluce rapprefentati da gli antichi di diuerfe nature.

Statue antiche nó fi poffono hora ritrarre perfettaméte.

Filofofia naturale neceffaria à gli artefici.
Proportioni fconformi come fi trouano in noi.

Marte, & gli altri pianeti come formino i corpi à loro fottopofti.

le mani groſſe, corte, & ancora piloſe, con le dita torte. Nel-
l'iſteſſa guiſa i corpi Lunari, Solari, & Venerei hanno le lor
proportioni ſconcertate come di ſopra diſſi, perche ſono ò
troppo groſſi, ò troppo ſottili. Mà il più è quando tra loro ſi
miſchiano, & s'intricano, dimoſtrando in vn corpo groſ-
ſezza all'alto, & ſottigliezza al baſſo, & altri in contrario groſ-
ſezza al baſſo, & all'alto ſottigliezza, & coſi variatamente cotali proportioni ſi cõgiungono, facendo torcer i membri, con
le pancie groſſe, ò ſottili, & l'andar torto, & in ſomma in quanti modi ſi può ſproportionar vn corpo ſi comprende per queſte ragioni. E ſi come da eſſe ſproportioni ne naſce quella
ſconformità, & confuſione a gli occhi noſtri, coſi è di neceſſità ch'elle cagionino i lor affetti, & moti poco conformi all'armonia noſtra, che ſolamente nel bello riguarda, & contempla.
Però è bene che veniamo à noſtri gouernatori dell'arte, & i
ſuoi ſeguaci per vedere come ſono trà loro proportionati ſecondo le nature, de i gran gouernatori ſoprani, onde ſi vede-
ta giuntamente come l'arte noſtra vada inſieme meſcolata.

Membri come ſa-
no miſchiati in noi
& come ciò dimo-
ſtrino.

Armonia noſtra in
che riſguardi.

Della ragione d'accompagnar le parti, &
dell'eccellenza de i Gouernatori, &
ſeguaci ſuoi Cap. 37.

DOuendoſi trattar del modo d'accompagnar ragioneuol
mente le parti inſieme, porterà grandiſſima chiarezza
l'andar auuertendo coſi l'eccellenze de i principi dell'arte come gli errori, che da loro iſteſſi furono tenuti tali, mà da gli
altri furono riputati miracoli, & di qui paſſerò poi à ragionare, di quelli che ſi ſono dati à ſeguire, & imitar ciaſcun di loro
in quelle ſette parti in cui tutta l'arte ſi contiene. Onde ſi ver-
rano à render tanto più chiare, & note le ſopradette coſe. Nel
che habbiano prima d'ingegnarſi di fare, che tutte le parti

L   trà

trà loro si mostrino senza conoscimento d'arte, cioè che non paiano essersi fatte a posta, perche non v'è cosa peggiore nell'arte, che mostrare l'arte nell'arte, la quale tutto al contrario vuol mostrare che in lei non è l'arte, ma l'istessa natura si come con ogni studio cercaua di far fra gli antichi Apelle: se ben in alcune altre parti cedeua ad alcuni altri come ad Anfione nella furia, a Protogene nella maestria, & ad Asclepidoro nella prospettiua ancora che nella venustà egli s'attribuisse il primo loco. Cosi fra i moderni, Rafaello per conseguir questa parte di nasconder l'arte, cedeua à Michel Angelo nella anatomia de i corpi, a Leonardo ne i moti diuini, & celesti come di Christo, & della Vergine, e parimenti ne i lumi, e finalmente a Titiano nella pratica di colorare. Hora venendo a i particolari, l'euritmia la quale per entrare p̃ tutte le parti dell'arte dee ridursi ad una sola propriamēte, come cosa che tutte le parti riguardano, non dee mostrarsi fastidiosa, ne in troppa abondanza, mà con tal misura che quella parte dell'opera che hà da mirarsi, paia al riguardante fatta senza fatica, ò stento. E però intorno a tutte le parti si seguirà il dato ordine di sopra; si che la proportione per cominciar da quella, benche sia di vna medesima quantità, non dee però sempre essere ad un modo ne i corpi, percioche parrebbe essere introdotta da vna medesima forma. Nella qual parte fu singolare Rafaello, vedendosi nelle opere sue in vna medesima età i corpi l'un più grosso dell'altro, & di altra proportione, da che ne nasce quella tanto lodata ragioneuole varietà. E questo si vede ancora ne i corpi di Michel Angelo, i quali tutti particolarmente caminano a luochi suoi benissimo intesi mà trà loro dissimili, & con ordine differente. Onde si scorge in loro tutto quello, che possono mostrare tutti i corpi, benche bellissimi per proportione, & disposizione di muscoli, & di mēbra. I moti anch'essi deono essere tra loro varij si come principalmente veggonsi in Rafaello, Gaudentio, Polidoro, Michel Angelo, & Lionardo.

Arte non dee esser mostrata nell'arte.

Rafaello cedea nel l'arte ad alcuni pittori come facea ancora Apelle.

Pittura dee parere fatta senza fatica, ò stento.

Proportioni, & chi in quelle furono eccellenti.

moti, & chi in quel i furono eccelleti.

do. Et hanno d'esser ornati con conueneuolezza, si che volendo dipingere molti huomini in oratione, non si veggan fare chi vno, & chi vn'altro atto, mà tutti si ritirino aduno guardandosi di non porre vno appresso ad vn'altro che sia da lui troppo dissimile, come sarebbe vno con la faccia in terra, appresso a vn'altro che habbia la faccia eleuata con le braccia aperte. Et a questo s'hà da riguardar sopra tutto nelle pitture di guerre, abbattimenti, amori, & d'altre historie. Imperoche questo lo vediamo apertaméte ne i corpi naturali, in qualunque loro effetto. Nel colorare si hà d'auuertire che non si veggano quelle mischie táto apparéti, séza i debiti mezzi trà l'una, & l'altra, perche apparendo troppo, mostrano vna certà odiosa, & spiaceuole mistura delle affettationi del rappresentare, che mi par di notare a confusione d'alcuni che lauorano, nelle cui opere ciò si vede troppo manifestamente. Con che eglino si persuadono d'aggiunger Titiano, principe di questa parte, & dopò Rafaello se ben non sanno però disegnare, tanto sono arroganti, & senza giudicio. Onde hanno in certo modo svergognata Italia, & leuatogli quell'honor che tanti altri gli hàno acquistato. Oltra di ciò non debbono queste mischie essere troppo abbagliate, ò disperse, come se fossero di vn corpo infermo, il quale douendo parere in suo termine, ne trasparere per altro perde la gagliardezza sua. Et questa penosa via seguono diuersi Pittori del nostro tempo, tenuti dai goffi eccellentissimi, à quali, come quelli che sono dati solamente alle delicie, piace ancora questa debolezza nelle opere che lisciano, & lauano, per non dir pingono, ò disegnano, essendo queste parti di Rafaello, & Titiano, che la vera strada ci hanno di maniera instituita, che ben possiamo rallegrarci d'hauere hauuto dal Cielo nell'Italia nostra cosi segnalato dono d'huomini tanto eccellenti che habbino condotta l'arte alla somma perfettione. I lumi altresi si debbono soauemente dimostrare con certa maniera, che non vi paia troppa

Colorare, & chi sia in quello eccellénte

Lumi, & chi in qllî furono eccellenti.

L 2　　　vnione

vnione, ne dilatatione, ne ancora certe schizzate di pennello, & cotali fierezze che sono estremi i quali non danno a l'opera gratia, ne lode alcuna in quanto a loro. Perche l'una mostra troppo stento, & passione, & l'altra troppa prestezza, & prattica, però si hanno da dispensare, & distribuire a lochi suoi, riguardando sempre intentamente nel naturale cò i debiti modi. In questa consideratione sù principalissime Leonardo, e Rafaello, & per prattica Titiano. La prospettiua anch'essa in questa maniera ci hà da regolare non situando le cose tanto rozamente, che in loro non si scorga la forza delle linee transferite, mà con diuersi accompagnamenti, tal che come se fossero in piano, ordinatamente si veggano dal disotto in sù, ò più ò manco, doue sia, come s'iui fosse vn naturale corrispondente all'occhio. Il quale imitandosi fà ch'elle vengono à corrispódere perferamente à gli occhi nostri. Questa parte quanto à i mébri p ciascun corpo, cò buona pace di tutti i Pittori del mondo giudico che Michel Angelo l'habbia mostrata nel suo mirabile giuditio cò ql̃a maggior perfettione, che sia possibile a dimostrare. Onde nó si può anco alcun pittore darsi vanto d'essere arriuato tant'oltre. Ancora che Rafaello nó li cedesse in quãto alla maestà, si come in molte altre parti ancora lo aggiunse, & in alcune lo superò come nell'historiare. Nel quale si vede rapresétato tutto qllo che può à gli occhi humani senza offensione dilettare. Mà doppo Michel Angelo chiarissimi furono Gaudentio, e Polidoro. La composisione poi hà d'essere tale che non si mostri ne confusa, ne troppo rara, ne che habbi quelle inuentioni fatte a posta per ornamento senza alcun conserto, mà che tutte mostrino vna certa conuenienza ben intesa tra loro, & fuggansi le troppe bellezze, le scabrosità, & le altezze delle cose, si che non si pongano le altre nelle troppo basse ne si accópagni vn estremo con vn'altro, mà ordinatamente si dia e cò i leggiadri accompagnamenti a tutte le cose il suo termine. Nel che furono eccellentissimi Rafaello Polidoro, &

lidoro,& Gaudentio. L'ultima parte della forma, dee essere
adornata da alcune cose aderenti a lei, per non mostrare così
giusto la cosa, la quale così sola rimanse senza alcuna gratia.
Perilche vediamo che nō pure i Poeti, mà anco gl'historici, hā
no sempre vsato d'aggiungere ornamento alla varietà, così
nella lode come nel biasimo. Et in questa parte fù singolare
Rafaello,& Leonardo. Questi sono gli ordini, de i quali furo
no più,& meno intelligenti i gran gouernatori dell'arte, anco
ra che ciascuno sapesse la parte sua come dissi da principio.
però in questi habbiamo da riguardare con ogni attentione di
stribuendo,& accōpagnando tutte le parti con giudicio accio
che nulla possa desiderarsi in noi,& in qualunque si diletta del
lo studio della pittura. Si come hanno fatto molti eccellentis
simi huomini succeduti doppo que' primi sette splendori del
l'arte, seguendo,& conformandosi alle maniere loro, diuersi
però fràdisē come furono essi Gouernatori. Et questi si pos
sono collocare nella seconda schiera, si come quelli che a lo
ro sono succeduti poi nella terza, & così di mano in mano.
Mà di questi secondi io nō penso già di farne lunga memoria
poi che habbiamo scritte le vite loro con tutte le sue lodi da
Giorgio Vasari Aretino. Solaméte ne parlerò quanto fà a que
sto proposito della conformità che hanno hauuto eō i sette
Gouernatori. Or Michel Angelo primo di quelli con Baccio
Bandinelli, seguitorono Daniello Ricciarelli, Sebastian dal
Piombo, Marco da Siena, & Pelegrino Pelegrini. I quali han
no atteso alla profondità dell'arte, si come già fece l'antico Par
rasio. Il secondo con Bernardino Louino quanto all'espression
delle cose religiose perche quanto alla maniera fù simile à Ra
faello, imitarono Andrea Solari, Bernardo Ferrari e Bernar
dino Lanino, i quali hāno seguitato i vestigi di Timante. Il ter
zo cō Maturino hāno seguitato il Saluiati, il Cāgiaso, Lazaro
Calui,& Aurelio Louini, quali hāno hauuto la grādezza,& fu
ria prōta c'hebbe già Anfione. Il quarto è stato imitato da Ce
sare Sesto

L 3

*Forma,& gli eccel
lenti in quella.*

*Sapienza maggior
e minor ne i pren
cipi dell'arte,& de
suoi imitatori.*

*Imitatori delle ma
niere del Buonar
roti,& del Bandi
nelli.*

*Imitatori di Gau
dentio,& del Lo
uino.*

*Imitatori di Poli
doro Caldara.*

*Imitatori di Leo
nardo.*

fare Sesto, & da Lorēzo Lotro, i quali hāno vsato di dar i lumi
a suoi lochi có ǫlla maestria che vsò già l'ātico pittore da Cau

Imitatori di Rafa-
ello.

no. Il quinto imitarono il Mazolino, Perino del Vaga, Giulio Romano, il Fattore, il Rosso, l'Abbate Primaticcio, il Sarto, & il Boccaccino, che si sono sforzati di dare alle opere loro,
quella gran venustà che apporta alle figure la somma bellezza, & gratia, la quale fù propria di Apelle. Al Mantegna sesto

Imitatori del Mā-
tegna, del Foppa,
& di Bramante.

Gouernatore non hò attribuito lode, & eccellenza alcuna par
ticolare. Perche se bēn egli le possedette tutte pur nella prospettiua, che fù sua principale, non potè leuarē cēn la sua maniera, gl'intrichi di quella, si che non paresse fatta con arte.
Pur sotto lui in questa parte e sotto Vicēnzo Foppa, e Braman
te, diuēnero famosi Bernardo Zenale il Buttinone, Bramātino,
Baldessar Petruccio, che attesero a collocar le cose secondo il

Imitatori del Ve-
celio, di Giorgio-
ne, & del Corregio

nostro vedere, come già fece l'antico Asclepidoro. Dell'ultimo gouernatore, e di Giorgione, & d'Antonio da Corregio
sono stati sequacci Paulo Cagliari, il Tintoretto, i Palmi, il Por
denone, i Bassani, a Federico Barocci, & il Petenzano, che
hanno dato alle lor pitture, la forza, & la prontezza de i moti
e la leggiadria de i colori, si come fece Aristide pittore antichissimo. Di cui e di qualunque altro famoso che in quei
tempi sia celebrato da gli scrittori, niente di meno eterne sa-

Eternità de i Go-
uernatori dell'ar-
te.

ranno le lodi di ciascun de i predetti gouernatori in quella
parte che habbiamo notata essere stata più singolare in loro.
E quanto lontani dall'eccellenza di quelli antichi sono stati
quelli che sono successi poi tāto sarāno dall'eccellenza di que
sti tutti quelli che doppo loro son venuti e sono p venir mai.

Della definition della pittura, e de gli honori haunti
à professori di quella dà Rè, & Principi.
Cap. 38. & vltimo.

Tvtte le parti della pittura debbono in maniera essere trā
loro accompagnate come dissi poco inanzi che non vi
si habbi

si habbi à vedere in modo alcuno, l'una parte restar superiore
all'altra, ne anco inferiore, perche ne risultarebbe vna certa
discordanza, che grauissimamente offende chi cotal opera riguarda. E perche questo accompagnamento è tutta la somma
dell'arte, & egli non si può conseguire senza la vniuersal cognitione, mà vguale di tutte le parti, che formano l'arte, si può
con grandissima ragione temere che questa prudenza sia in
breue per restar estinta. Perche se gl'istessi gouernatori sono
stati frà di loro diuersi l'un più che l'altro, come habbiamo
detto che debbiam pensar che sia de gli altri come de i secódi
nominati di sopra doppo loro, & poi i terzi, & de i quarti.
Mà non per questo restarono però mai i principi nostri d'inal-
zare, & esaltare i pittori moderni, come già fecero i principi
antichi di tutte le nationi i pittori de i suoi tempi. Il che si può
comprendere da diuersi Musei, che hora si vedono di molti
principi massime del maggior che sia a questa età nostra per
grandezza e di stati e di religione, e di virtù heroiche io dico
il Catolico Rè Filippo figliuolo del gran Carlo Quinto, & he-
rede non solo de i suoi regni mà anco delle virtù. Oue sono
raccolte le opere de i grandi artefici, che a tutto il mondo fanno con la loro eccellenza, & rendono il nome loro famoso,
& immortale. Hà dunque questo gran Rè oltre il suo Museo
celebratissimo, per l'opere di pittura, & scultura gioie, libri, & arme in tanta copia che solamente à mirarli, la mente
nostra si confonde spetialmente contemplando i bellissimi
quadri appesi sopra le porte di Titiano, & altri huomini famosi il grandissimo tépio dedicato à S. Lorenzo nel scurial per il
voto ch'egli fece, nell'occasione della marauigliosa vittoria
ch'ottenne à San Quintino. Il quale s'edifica, & adorna con
tanta magnificenza, & arte, e con spesa incredibile, che
ben si può paragonar d'ogni parte à quel gran tempio che
fece edificare in Ierusalemme il Rè Salomone. Alla qual fabrica come Signore d'ogni scienza dotato, hà eletto i princi-

L 4   pali

Prencipi inalzaro-
no i pittori.

Museo vnico tra gli
altri di Filippo Rè
di Spagna

Smisurato tempio
nel scoriale para-
gonato al tempio
di Salomone.

pali Architetti del mondo, Gio. Battista Bergamasco, & il
gran Giouan d'Errera, secondo il giudicio de i quali sono state disposte le altissime Colonne,& i volti,& pareti del tempio
con le figure de gli antecessori della Serenissima casa d'Austria fatte di rilieuo di grandissimo stupore, & merauigla. V'hà
Tabernaculo mira
bile fatto da Iaco-
bo da Trezzo.
ancora eletto Iacomo da Trezzo, per fare il grandissimo, &
marauiglioso tabernacolo collocato nell'ordine Dorico sopra l'ancona alta cinquanta brazza e mezzo in circa, in cui
risplendono le gioie,& gli altri ornamenti di figure di grandis
simo stupore à mirarle. Et in questo magistero lauora anco
Ritratto in diamã
te di Carlo Prenci
pe di Spagna.
Clemente Birago, quello che ritrasse in vn diamante il Sereniss. Carlo Principe di Spagna che fu il primo genito del Rè.
Appresso questi ui è Pompeo Leoni statouaro mirabile, il
quale seguitando il valor paterno, che già rapresentò in stato-
Leone Caualier
Arerino lodato.
ua il Rè Carlo, & tutti Principi d'Austria, facendo risplendere per il mondo il nome del Caualiero Leone Leoni Aretino,
hà fatto per ornamẽto di questa miracolosa fabrica oltre mol
Pompeo Leoni, &
sue statue mirabili
te altre figure vn Christo in Croce di marauigliosa grandezza, posto alla cima dell'ancona, & al basso la Vergine Maria
S. Giouanni S. Pietro S. Paulo tutte statue lauorate con inestimabile cura, & maestria, e con tanta eccellenza di anatomia, di gesti, d'atti, & di panni, che veramente paiono viue, & tutte maggiori del naturale. Mà à fronte à tutte
due le parti dell'ancona,& altare uuole questo gran rè ch'egli
faccia due sepolture con singolarissimo artificio de i Signori
della casa d'Aust ia la destra de i maschi,& la sinistra delle femine, con le statue sopra de i Principi in gienocchio, & delle
Prencipesse riguardanti al tabernaculo che è alto otto, ò noue
braccia. Mà lasciando molti altri professori principali di diuerse arti, che quella Maestà hà chiamati à tal fabrica e
parlando de i pittori, vi condusse, & hebbelo catissimo Luca
Luca Cangiaso in-
uentor chiarissimo
Cangiaso che fu felicissimo nelle inuentioni per esprimere le
morti de quanti martiri sono nel Cielo, le quali andaua rapresentando

fentando in quel tempio cō marauiglia di ciafcuuo,& eftrema contentezza di quel gran Rè. Mà la morte glielo tolfe, & in loco fuo entrò Federico Zuccaro,pittor gran tempo hà famof fiffimo non folo per l'Italia, mà per il mondo tutto. Il qual per la rarezza delle pitture con le quali adorna quel tempio e tanto caro a quella Maeftà che niuna cofa può egli defiderare che dall'humanità del Rè non impetri. Hora egli hà aggiun- to a quefti come nuouo Sole appreffo a molti Soli Pelegrino Pelegrini acciò che co'l fuo mirabile pennello illuftri tanto la Spagna per quefto tēpio,come hà già fatto l'Italia per Roma, & per altri lochi maffime per Bologna nella fala de Poggi do- ue egli efpreffe in pittura tutta la vita d'Achille nella quale hà fuperato quanti già mai hanno imitato la maniera del raro Buonarroti.Si che con fingolar fplendore di quefto tempio và feliciffimamente rapprefentando in quello quante inuentioni anatomie, & grilli poffono già mai intrare nella mente huma- na,& effer efpreffi dalla pittura. Per il che è cariffimamente amato,& honorato dal Rè ottimo conofcitore dell'eccellen- za,& valor fuo. Onde già molto tempo fà come mirabile Ar- chitetto tanto di fabrica,quanto militare è honoratiffimamen te da lui falariato dimoftrando tutta uia nell'ifteffo tempo in molte opere l'eccellenza fua nell'arte del pennello. Quando anco egli edificò in Milano il nobiliffimo tempio di S. Fedele che è nominato nel fefto libro della compofitione nel capito- lo del ritrarre dal naturale poco lungi dal fine. Oue quefta belliffima architettura è da me lodata, & inalzata a quel più alto fegno doue può il mio debol ftile aggiungere,fe ben mol to lontano da quello oue arriua la fua eccellenza.La quale vie ne ogni giorno accrefciuta da gli ornamenti delle tauole che vi fi pongono, e s'accrefcerebbe maggiormente, fe alcuno de gli artefici di quelle andaffe feguitando la prima buona ma- niera, e non la cangiaffe in peggiori. Doppo quefti fegnala- tiffimo e degno di perpetua memoria è il Mufeo della Cefa- rea

Federico Zuccaro famofiffimo pitto- re.

Pelegrino Pelegri ni principal pitto- re,& architetti.

Architettura delle Chiefa di S.Fede. e lodata.

Giuseppe Arcimboldi chiamato di Massimigliano II. Imperatore al suo seruitio.

rea Maestà di Massimigliano II. Imperatore. Per cui maggiormente aggrandire, & nobilitare v'hà condotto il gran pittore Giuseppe Arcimboldi che cõ la grandezza del suo ingegno lo illustrasse nell'una, & l'altra pittura cõ la sua prospettiua, disegno, & rilieuo, & massime cõ le inuentioni, & capricci ne'quali egli è v.   al mõdo. perciochε v'hà dipinta la forma de i quat-

Elemẽti figurati de i suoi animali dall' Arcimboldi.

Stagioni, figurate de i suoi figure dal l'Arcimboldi

giano figurato dal l'Arcimboldi.

tro elementi de'quali si parla nel mio trattato nel sesto libro al capo 26. Oltra di ciò v'hà rappresẽtato le quattro stagioni formate in figura d'huomo cõ le cose di ciascuna stagione come la Primauera di fiori, la state di spiche, & legumi, & l'Autunno di frutti, & l'inuerno in forma di arbore. Che tutti sono dipinti in tanti quadri, cõ cura, & studio inestimabile. Vi hà dipinto ancora vn Giano rapresentando in lui l'anno istesso facendolo in profilo in sembianza di state con vna testa di dietro, che significa il verno, & vn serpe al collo che si prende la coda in bocca accennando con ciò d'essere l'anno, Che parimenti è in vn quadro, & è posto con gli altri in questo Imperial Museo.

Cucina, & canepa ro figurati dall'Arcimboldi de' suoi stromenti.

V'hà di più rappresentata la cucina in formà di femina con gli stromenti, & arnesi di lei, & il mastro della cantina in piedi in forma di huomo fabricato anch'egli de gl'istrumenti della cantina. Il quale è sopra tutti in pregio all'Imperatore insieme co'l ritratto naturale del Vicecancelliero Cesareo che veduto alquanto lontano da sùa Maestà, & altri fù tenuto che nõ

Ritratto del vice Cancelliero Cesareo del Arcimboldi fatto d'animali.

potesse essere più naturale, & mirato più appresso fù trouato tutto composto d'animali, come il naso d'ycello, il mento di trutta, & così le altre parti d'altri animali; così eccellentemente composte che per dir il vero è vna merauiglia a vederlo: come merauigliosi in somma sono tutti gl'altri quadri da lui fatti con sommo artificio. Onde diuenne in tanto credito appresso quello Imperatore ch'egli si rimetteua al giuditio suo in tutte le inuentioni, accommodando il suo gusto à quello di lui, & tenendoselo in delitie. Perchε veramente fù quest'huomo singolare nelle inuentioni, e sopra tutto delle ma-

scherate

scherate, onde nelle nozze del Sereniſſimo Arciduca Carlo
fratello di Maſſimigliano egli hebbe il carico di concertar tut
te quelle feſte, & nel primo torneo, nel quale entrò l'Imperatore iſteſſo, egli trouò quella bella, & rara inuentione di far
comparere tre Rè che rapreſentauano tre parti del mondo,
l'Aſia, l'Africa, & l'America ad honorar i Principi della caſa
d'Auſtria, che furono per l'Aſia l'Arciduca Carlo Spoſo, per
l'Africa l'Arciduca Ferdinando, & per l'America il Caualeriz
zo maggiore dell'Arciduca. I quali trouatiſi iui come a caſo,
& inteſa l'occaſione di quelle nozze, ſi vnirono inſieme, & ſi
offerirono mantenitori del Torneo, dall'altra parte fece vſcir
loro incotro l'Europa con quattro perſonaggi che rappreſentauano le ſue quattro principali Prouincie, cioè l'Italia, la
Francia, la Spagna, & la Germania. Per l'Italia l'Arciduca
Erneſto, per la Spagna l'Arciduca Ridolfo, per la Francia il
Caualerizzo maggior dell'Imperatore, & per la Germania
l'iſteſſo Imperatore. Gli habiti, le inſegne, i ſimboli, & gli accompagnamenti con che queſti perſonaggi moſtrauano, & ſi-
gnificauano le loro Prouincie, e tutti gli apparati, ordini, ma-
gnificenze, & grandezze di quel torneo io non iſtò à riferire,
perche ſarebbero materia d'un giuſto volume. E tutte furono
inuentioni, & capricci di queſto raro pittore, ancora che vn
certo Fòteo introdotto dall'Arcimboldo, che gli diede il carico di fare i cartelli, non ſi vergognò in vna ſua compoſitione
di farſene egli inuentore. Di che ne e rimaſe merauigliato l'Im
peratore quando l'inteſe, poi che egli ſapea beniſſimo, che
l'inuentione era ſtata dell'Arcimboldo il qual con lui ſpeſſo
ne hauea diſcorſo. Finalmente in ogni coſa egli fù d'acutiſſi-
mo ingegno, onde ritrouò artificij di paſſar fiumi eſpedita-
mente, oue non foſſero ponti ne ſi haueſſero naui, e fù inuen-
tor di cifre che nò ſi poteuano intendere ſenza il ſuo ſtromen-
to. Ne manco fù caro queſto grand'huomo al ſucceſſor di
Maſſimigliano Ridolfo Secondo Imperatore e fù da lui im

piegato

piegato in molte cose. Mà fatto or mai vecchio gli chiese licenza di ritornarsene à Milano sua patria e difficilmente l'ottenne, commettendoli però che continuamente attendesse à far qualche cosa capricciosa per il suo seruitio. Di che egli ricordeuole hà dipinto hora vna bellissima femina dal petto in sù composta tutta di fiori, sotto il nome della Ninfa Flora. In cui si veggono tutte le sorti di fiori, ritratti dal naturale talmente che nella carnagione, & membri sono posti quelli che à ciò naturalmente rappresentare sono accomodati, & in vno ornamento di testa son posti quasi tutti gli altri, fuor che la maggior parte de i bianchi, quali sono collocati come la fodera di sotto della veste, in cui sopra si veggono le foglie ritratte al naturale della maggior parte de i fiori che sono nella imagine. Questa da longi nò rappresenta altro, che vna belissima femina, & d'appresso quantonque pur resti l'apparenza di femina, mostra se non fiori, & frondi, composti insieme, & vniti. E per esser cosa veramente marauigliosa, molti ingegni l'hanno celebrata cò diuersi componimenti latini, & volgari, e fra gli altri Gio. Filippo Gherardini con vn capitolo, nel qual induce l'istessa Flora che parla all'Imperatore nel presentarsele, & Don Gregorio Comanino Canonico Regolare, co'l seguente Madrigale.

Flora dipinta tutta de fiori dall'Arcimboldi.

Madrigale di Don Gregorio Comanino sopra la Flora dell'Arcimboldi.

SOn'io Flora ò pur Fiori?
  Se Fior, come di Flora
Hò co'l sembiante il riso? e s'io son Flora,
Come Flora, e sol Fiori?
Ah non Fiori son'io; non son'io Flora,
Anzi son Flora, e Fiori,
Fior mille, & vna Flora.
Viui Fior, viua Flora,
Perch'i Fiori fan Flora, e Flora i Fiori.
Sai come? I Fiori in Flora
Cangiò saggio Pittore Flora in Fiori.

A cui

A cui il medefimo Gherardino fcherzando in contrario fece
il feguente altro .

NE cangiò Flora in Fiori,
    Ne i Fiori cangiò in Flora
    Il Pittor faggio, mà dipinfe Flora
    Com'è, Flora di Fiori.
    D'offa in vece e di carne i Fior fan Flora,
    Non però Flora i Fiori
    Sono, ne Fiori è Flora,
    Mà fi di Fiori Flora.
    E fanno i Fiori Flora, e Flora i Fiori,
    Perche de i Fiori è Flora
    La Vera Dea compofta fol di Fiori.

E quefti infieme col quadro mandò l'Arcimboldi a quella Ce
farea Maeftà, che con l'honorata rimuneratione hà dimoftrato quanto le fia pregiata, & cara. Hà l'iftefo Arcimboldi poco meno che perfetto vn altro quadro, nel quale farà dipinto Vertunno fopra gli orti tuto fatto di frutti, per mandarlo
all'iftefa Maeftà, che con lettere moftra di ftarla afpettando
con eftremo defiderio. E quefto infieme con gli altri accrefce-
ranno infinito ornamento, & fplendore a quel belliffimo Mufeo. A quefto fiegue molto d'appreffo il Mufeo del gran Duca Cofmo di Firenze, il quale hora il fuo figliuol Ferdinando và arrichindo ogni giorno di nuoui ornamenti con l'ingegno, & il valore di Giacomo Ligozzi Veronefe grandiffimo
pittore, & miniatore. Ne a quefto è in alcuna parte inferiore
quello del Sereniffimo Duca di Sauoia. Il quale oltre le opere infinite di pittura, & fcoltura ftupende che v'hà raccolte, hà
voluto ancora riporui due ritratti di me fatti di mia mano,
l'uno doue mi fono rapprefentato come Abbate dell'Academia noftra della Valle di Bregno, & l'altro che mi dimoftra
pittore con la mia maniera del dipingere. E tutti due infieme
co'l mio trattato di pittura, & i miei grottefchi accettò Sua
Altezza

Vertunno Dio fo-
pra gli orti dipinte
tutto di frutti dal-
l'Arcimboldi.

Mufeo de i gran Du-
chi di Tofcana, &
lodi di Giacobo Li-
gozzi.

Carlo Emanuel
Duca di auoia, &
humanità di lui ver
fo l'autore.

Altezza con infinita humanità, è tanto gl'hà cari che gli tiene nelle cose sue secrete. Mà non solamente si pruoua di quì la riputation de i Pittori, che i Principi dell'opere lor- ne adornino i Palagi, & ne facciano Musei, mà anco da questo che i templi principalmente di quelle sogliono adornarsi, & in certo modo nobilitarsi tanto più quanto più nobili sono i pittori, come si vede per tutta l'italia. Onde le Chiese di Cremona sono grandemente celebrate per l'opere di Camillo Boccaccino, & massime S. Sigismondo doue nel principio del volto hà dipinto i quattro Euägelisti, & più in sù il Signore, con la Croce portata da gli Angioli, & nelle due pareti alla destra, l'adultera giudicata da lui con quelli che l'accusano, & alla sinistra la risurrettione di Lazaro, le quali opere insieme cõ le altre che hà fatto non lasciano punto mentire il suo gran celebratore Bernardino da Campo. Il medesimo tempio e celebre ancora per la tauola di Giulio da Campo, oue con la solita grandezza d'arte, & forza che haueua nella pittura hà rappresentata la gloria della Vergine, assisa sopra le nubi, circondata da vna moltitudine d'Angioli, & da basso a man destra Santa Daria con S. Sigismondo che appresenta il Duca di Milano inanzi alla Virgine, & dall'altra parte S. Grisante e S. Girolamo il quale appresenta la Duchessa. In Sicilia e illustre vn conuento di Monache per la tauola mirabile di Cesare da Sesto, doue hà dipinto i tre Magi, & hà espresso la maggior arte dell'allumar che niuno possa dimostrare. Di cui tiene il disegno Antonio Maria Vaprio pittor di Don Rodrigo di Toledo Gouernàtor d'Alessandria. Nella qual parte egli è stato rarissimo, come si vede in tutte l'opere sue, & spetialmente nella Erodiade, che prima peruenne in man mia, e poi fù donata à Ridolfo II. Imperatore. In Venetia oltre molte altre opere tutte eccellenti, è chiara la Chiesa de i Carmini per la gran tauola di Lorézo Lotto singolar maestro anch'egli di dar il lume. Nella quale s'io non erro, è S. Nicolao, &

Camillo Boccaccino, & lode di alcune sue pitture.

Giulio da Campo & sua pittura.

Cesare da Sesto, & lode d'alcune sue pitture.

Lorenzo Lotto lodato di alcune sue pitture.

lao,& due Santi fopra le nubi,& al baffo S.Giorgio a cauallo
che vccide il drago,con la lancia,& la donzella che fugge per
vn paefe ofcurato dal tempo, il qual particolarmente è giudicato di fingolar eccellenza da molti pittori, fi come tale anco
è riputata la Afcenfione della Vergine co i difcepoli al baffo,
ch'egli già dipinfe in Säta Matia di Celania nella Valle di S.
Martino. Nell'iftefla Città è illuftre il rifettorio di S.Giorgio
de i padri di S.Benedetto per vna pittura di Paolo Caliari
doue hà moftra la grandiffima arte fua del colorire, & dar i
moti nelle nozze di Cana Galilea. Nelle quali hà dimoftrato
Crifto,et utti gli altri có tanta merauiglia, & ftupore che ben
fe ne può gloriare è gire altiero fra tutti i più lodati pittori
quando anco non haueffe fatto altra opera principale come
quefta, attefo che vi fi vede tra l'altre cofe vna giouine che
con vn ftecco in bocca fi ftorza di mirare la fpofa con tanta
efpreffion di defiderio,che la natura nó può più viuacemente
dimoftrare cotal affetto. Molte altre cofe di lui fi veggono in
Verona fua patria, e maffime nel rifettorio de i detti padri il
cont... oue la Madalena vnfe i piedi a noftro Signore. In
Venetia parimenti fono famofe le altre Chiefe per le opere in
numerabili di Giacobo Tintoretto huomo raro nella vniuer
fale armonia del difegno. Come la fcuola di S.Marco in al-
bergo appreffo S.Gianni e Polo, oue è vna gran tauola con vn
S.Marco in aria,& l'iftefo ancora nudo in terra diftefo quando è martiizzato,che fono figure maggiori del naturale fi co
me fono ancora quelle del giuditio di Chrifto che egli pinfe
in Santa Maria dell'Horto. E qui ancora il vaghiffimo, &
leggiadriffimo coloritore tanto ne i paefi, quanto nelle figure
Paris Bordone hà dipinto vna tauola in cui fi vede la Signo-
ria di Venetia co'l Duce, al quale e prefentato l'annello di S.
Marco,& queft'opera è la migliore che egli mai faceffe. Mà
fopra tutti hà nobilitato le Chiefe có le fue ope Federico Barozzi diligéte,& accurato in tutti gli ftudij della pittura e che
ha dato

Paulo Caliari, & diuerfe fue pitture lodate.

Giacobo Tintoret to colebrato per al cune fue pitture.

Paris Bordone, & fua pittura celebra ta.

hà dato sempre tanto rilieuo, & forza alle pitture che niun potrà mai con parole dir tanto ch'egli co'l vero di gran lunga non lo superi. Frà l'altre sue tauole è degnissima d'esser vedu-

ta quella di Santa Maria di Loreto, nella quale vi è l'Annunciata, oue hà rappresentata la Vergine Maria con tanta gratia che ogn'uno hà da inuidiarlo, & di lasciar ogni speranza di poterlo agguagliar mai. Vn'altra v'è in Santo Vitale in Rauenna, nella quale hà dipinto la morte d'esso Santo di non minor eccellenza. Lascio di dire delle rare opere del nouello

Bassano parte fatte in Venetia, & parte per il mòdo, tra le quali è la rapina delle Sabine fatta da Romani ch'egli già dipinsi per Carlo Emanuello Duca di Sauoia, con tanta argutia nella espressione de i loro afferti, che la natura istessa non li può agguagliare. Lascio anco quelle di Giacomo suo padre, & del primo Palma, & di Giacomo Palmetta (come che degnissime d'esser commemorate) per parlar di quelle del gran

motista nelle faccie elementi Bernardino Lanino. Cò le quali egli hà immortalata in Nouara la Capella di S. Gioseffo, oue sono diece Sibille maggiori del naturale, assise sopra i cornicioni. Nelle quali si vede oltra la vaghezza la bellissima maniera de i pàni, & gli atti loro conformi con gli abellimenti, & leggiadrie de i veli, & le trasparenze sue. E nelle due pareti disotto, sono sei historie tre per parte, vna dello sposalitio della Virgine l'altra dell'Annunciatione, la terza della visitatione, la quarta de i trè Magi, la quinta del viaggio della Virgine, in Egitto, & l'ultima de gli Innocenti. Ma nella cuba della Cappella, e vn Dio Padre circondato da gli Angioli, con grandissima Musica. Et in questa pittura principalmente egli hà dato a vedere quanta sia la leggiadria, & la forza del suo bel operare, si che ella è forse delle migliori opere che egli habbia già mai dipinto cosi in oglio come in fresco. A cui per compito ornamento s'aggiunge l'ancona d'essa capella.

Oue è vn presepio di Christo, con tutto ciò che gli appartiene

di

di mano del mirabile Ticiano, maestro di Simone Peterzâni.
Il quale ora uiue, & è per viuere eternamente nelle opere sue
eccellentissime per ogni parte mà vagamente espresse, & sin-
golarmente per la somma vaghezza, & leggiadria. Come frà
le altre ognuno può mirare in vna tauola che egli hà fatto in
Milano, in Santa Maria di Brera alla Congregatione che iui
si fà di molti Signori e Caualieri principali di quella Città, di
cui è membro nobilissimo ancora il Duca di Terranoua Gouernatore di questo Stato. In questa tauola è dipinta l'Assun-
tione della Beata Virgine tutta circondata di Angeli con suo
ni, & canti, & Christo suo figliuolo, che gli discende incontro
cô la corona di stelle in mano per ponergliela in testa, circondato anch'egli d'ogn'intorno d'Angeli p côpire la maestà. In
Firenze nella Chiesa di S. Maria nouella è la bellissima tauola di Girolamo Machietti, oue è S. Lorenzo sopra la crate co'
i manigoldi intorno espressi con grandissima forza d'ombre, &
di lumi. In Bologna sono l'opere della mirabile ritrattrice, &
istupenda coloratrice Lauinia Fontana figliuola di Prospero
pittore anch'egli famosissimo. Il quale fù maestro di Ercole
Porcaccino parimenti Bolognese, & fù mirabilissimo nel dar
il moto alle faccie, & à i panni, e fù felicissimo imitatore del
colorare del gran Corregio, e della sua vaghezza, & leggiadria, come si vede in Bologna in S. Giacomo, nella tauola
marauigliosa della concettione della Madonna, & in Parma
nelle ante dell'Organo del Duomo, oue è vna Santa Cecilia
che suona l'organo, con molti altri istromenti, & nell'altra è vn
Dauid co'l salterio e tutte le altre circonstanze, che a tal histo
ria si richieggono. Fù questo maestro di Camillo suo figliuolo
famoso tra le altre cose sue pregiate per il colorare, & per il di
segno p la tauola della transfiguratione di Christo che hà fatto in Milano, nella Chiesa di S. Fedele: oue si vede la gran furia del lume dolcemente accompagnato con la vaghezza de
i colori, seguitando le orme del padre, di cui furono discepol'

M   ancora

ancora Lorenzo Sabadino, Oratio Somachino Bolognesi, &
Giacomo Bertoia Parmigiano, tutti grandissimi pittori, come le opere loro fanno testimonio. Ma perche lungo farebbe
il volere tessere historia di tutti i gran pittori di quella Città,

Bartolomeo Passarotti, & altri pittori.

come di Bartolomeo Passarotti, & altri passandoli sotto silentio con infiniti altri pittori, & scultori dell'Italia, voglio solamente ricordare alcuni più segnalati, & di loro certe opere
più illustri, le quali sono di grandissimo ornamento alla nostra

Giouan Bologna scultore, & statuaro principale.

Italia. Tra quali mi si para inâzi tra i primi Giouâ Bologna de
i Deuai scultore, & statouaro principale come fà fede la sua
fontana di marmo in Bologna opera rarissima al mondo. Il
quale hora fabrica il cauallo di bronzo più grande di quello
che è in Campidoglio co'l gran Duca de Toscani Cosmo assiso sopra. Doppo cui seguono Adriano F aso scultore, & statouaro del Duca di Sauoia, Giacomo Chiocchi scultore, & Ca

Dionigi Caluert pittore.
Martin de Vos, & suoi quadri eccelleti.

nalier Papale, Dionigi Caluert d'Anuersa pittor rarissimo, &
il gran Martin de Vos parimenti di Anuersa Pittore anch'egli
grandissimo. Il quale oltre molte altre opere portate quà è là
per il mondo à diuersi Principi ne hà mandato quattro al
Catolico Filippo Rè di Spagna, vno di Christo all'horto
co'i discepoli allumato dall'Angelo, l'altro dell'Angelo con
Lotto, & le figlie che fuggono dalle arse Città, il terzo di
S. Maria co'l figlio, con S. Gioseffo che passa sopra vna naue
per venire in porto, e l'ultimo d'una Venere ignuda, sopra vn
letto che ride vedendosi comparir auanti vn Satiro con molti tesori à donarli per acquistar la gratia di lei. E quiui è anco
vn Cupido che piange scorgendo il brutto desiderio di questo, & la lasciuia grande di quella, che per acquistare tesori à

Giouâni Fiammingo, & suoi paesi.

ciascun si sottopone. Di questa schiera sono Giouan Fiammingo rarissimo in far figure picciole, & paesi, che serue ora
ad Alessandro Duca di Parma. Gio. Stradanus pittor che serui già a Don Giouan d'Austria, & Theodoro Bernart d'Amsterdam pittore. De i pittori eccellenti nel far paesi così Italiani, come

ni, come esterni, se ne ragiona à bastanza nel mio trattato nella cōpositione de Paesi, & così anco di qlli che sono stati principali in dipinger figure picciole, figure contrafatte, & tutte le altre parti, che dèriuano da quest'arte, sì come è il dipingere i vitriati, & in quelli rappresentare tutte le historie, che si vogliono. Nella qual parte fù singolare Valerio Profondaualle di Louania in Brabantia. Mà non solamente in questi vetri mà anco nella nostra pittura ancora è stato eccellente huomo & fù padre di Prudenza, la quale seguendo il suo disegno già cominciato, spera d'inalzar l'arte nostra al maggior colmo, sì come fà ancora la Fede figliuola di Annuncio Galitij da Trento, dandosi all'imitation de i più eccellenti dell'arte nostra. Or passando a Milano v'è Aurelio Louini non inferiore del padre in alcune parti sì come ben l'hà dimostrato in molte sue pitture; trà le quali è degna d'essere con lode nominata quella ch'egli hà dipinto sopra la facciata della Misericordia lungo il Corso di Porta Comasina appresso à S. Tomaso in Terra Amata. Oue hà dipinto in poco spacio gran quantità di figure per forza di quell'arte, con la quale egli par essere nato oltre la notomia ch'egli fondamentalmente possiede. E quiui hà egli ancora espresso vna prospettiua gratissima à chi la vede, con vn Dio Padre che discende con gli Angioli sopra la carità di quelli ch'egli hà dipinto al basso, quali porgono chi pane, & chi vino, & di tutte le sorti di legumi à i sparsiui d'ogn'intorno, quali zoppi, quali ciechi, e quali infermi, & altrimenti mal adotti, che prendono la limosina secondo il potere, che hanno conforme allo stato loro. E per ornamento di quest'opera colorata con gran cura, & allumata con somma ragione, vi sono da le parti due termini di chiaro, & scuro, & sopra loro due donne fatte all'istessa maniera con molto artificio, il quale egli si è sempre ito acquistando maggiore honor di tempo in tempo sotto la cui disciplina è fatto eccellente Pietro Gnocco come le cose rare che si vedono nell'opere sue,

Valerio Profondoualle pittore di vitriati cō Prudenza sua figliuola pittrice.

Aurelio Louini, & opere da lui fatte.

Giouani che fioriscono nella pittura.

fue, ne rendono chiariſſimo teſtimonio. Er à lui pari fioriſce
Pauolo Camillo Landriano allieuo di Ottauio Semino Genouese. Non debbo doppo queſti paſſar con ſilentio gli eccellenti lauoratori di ſtucco come Adriã de Vaſéllas, di Brugia,
Dominico da Melì Italiano del Iaco di Lugano fatto Caualiero da Papa Siſto Quinto nõ pur grandiſſimo ſtuccatore, mà
anco architetto. Il qual conduſſe la guglia di Tiberio Ceſare
in mezzo alla piazza di S.Pietro in Vaticano, ch'è ſtato vna
delle rare, & mirabili coſe che foſſe mai fatta al mondo, eſſendo ſtata perduta l'arte del condurle da gli antichi in quà. Della quale come foſſe trouata l'inuentione di condurla con tanta facilità ſi legge nel ſuo trattato. Se parliamo de gli architetti d'acqua vi ſono Giuſeppe il Meda, il quale ora fà l'Adda
nauicabile da Como à Milano, coſa che à tutti gli altri architetti pare impoſſibile non che difficile, & vi è Dominico Lonati, & il Clariccio eccellenti nell'una, & nell'altra profeſſione. De gli ſcoltori, & ſtatouari poſſo nominare Aleſſandro
Vittorio da Trento, il Brambilla, & Emilio Ariu Venetiano, e
tutti quelli che ſeguono le veſtigia del noſtro Annibal Fontana Principe de gli altri. Mà di quelli che ſcolpiſcono in rilieuo, & maſſime in legno à me baſterà nominarne vno, mà
che è il più raro che ſia hoggi nel mondo, chiamato Ricciardo
Taurino da Roano di Normandia. Il che ſi può veder laſciando di nominare molte altre ſue coſe nella Chieſa Maggiore
di Padoua, oue hà ſcolpito il teſtamento nouo, & vecchio intorno al choro, & nella Chieſa Maggiore di Milano, oue hà
ſcolpito al meno vinticinque hiſtorie della vita di S.Ambro-
gio parimenti nelle ſedre del choro. Ne ſi dee tacere Gio.Bat-
tiſta Suardo profondiſſimo nella proſpettiua, & ſingolare ne
gl'intagli de i tabernacoli figure, & altre rare inuentioni di
legno, ne men eccellente ne i cunij di acciaio per incauarui
dentro le imagini di qualunque coſa, ſi come egli fà hora nella Zecca di Milano ſotto il gran Leone Leoni Aretino, del
quale

Adriano de Vaſel-
l. ſtuccatore.
Dominico de Me-
lì conduttor della
guglia di Ceſare.

Adda fatta nauica-
bile.

Scultori famoſi.

Ricciardo Taurino
principale nel baſ-
ſo rilieuo.

Gio. Battiſta Suar-
do raro in proſpet-
tiua, & ne cunij.

quale egli per tante sue virtù è diuenuto genero, & hora per la morte sua successore nella Zecca. Quanto à gli orefici sù rarissimo Bernardino Piacenza da Milano tanto nelle figure d'oro quanto nelle medaglie, & altre cose che appartengono à quest'arte loro, & hora si risce trà i primi Carlo Souico. Mà trà i Framminghi e celebre il nome di Andrea di Grunighe, di Volf di Breda, & di Giouan Friso Orefice del Rè Catholico. Nelle tapezzerie sono lodati principalmente Girolamo di Hofelar da Brusseles, & Giouanni d'Arostos tapetiero del gran Duca di Toscana. Finalmente de i ricamatori principe di tutti nelle figure, & historie fù Luca Schiauone, il quale è stato maestro di Girolamo Delfinore che fù in quest' arte eccellētiss. come si vede nella vita della Vergine ch'egli fece al Cardinal di Baiosa, la quale è cosa rarissima. Fù ricamatore del Principe Doria, a cui fece anco il suo ritratto insieme con quello del Duca di Borbone, & dell'ultimo Duca de gli sforci in ricamo. Hebbe particolar eccellēza ne' ricami di cose religiose per ornamenti, & tutto ciò che si li conuiene e parimenti nelle tapezzerie si come quello che era peruenuto al fondo della cognitione di cotal arte. Lasciò vn figliuolo chiamato Scipione, il quale nō solamēte lo aggiunse, mà in qualche parte l'hà superato, massime nelle cose di caccia oue intrauengono figure, paesi, vccelli, & altri animali. Onde ne fece già vna tale che la volse per se Enrico Rè d'Inghilterra, & vn'altra ancora variatamente esposta, fece al Catholico Rè di Spagna, il quale la donò poi alla Regina Maria sua Zia. Ben che si può dir in poche parole che non è Principe, & Signore in queste parti che non habbi alcuna cosa della sua mirabil arte, anco in tapezzerie. Oue si vedono espressi vestimenti da huomini, & caualli cō bellissime inuentioni, & capricci di trofei, grotteschi, fogliami, & di tutto quello che mente d'huomo può imaginarsi. Ne è stato inferiore al padre nel ricamar cose di religione, poi che gl'è tāto simile che vedēdo l'opere sue si

Orefici celebrati.

Tapetieri famosi al mondo.

Ricāmatori eccellēti.

possono

poſſono giudicare fatte dalle proprie mani paterne. Et a lui

ſuccede hora Marco Antonio ſuo figliuolo, il quale ponendo i piedi nelle veſtigia che ſi vede inanzi ſegnate dal padre e dall'auo moſtra già chiariſſimi ſegni, che non ſia per eſſere d'alcuno di loro inferiore. Mà perche queſta commemoratione d'huomini famoſi in tutte l'arti le quali hanno congiuntione con la pittura, & inſieme queſta mia Idea, non creſca in infinito, ſaranno fine dell'una e dell'altra le lodi della famoſa

Catarina Cantona nobile donna della Città di Milano, mà più nobile per il ſuo rariſſimo ingegno, e per l'eccellenza dell'arte di ricamar ſopra la tela e il rete; nella quale non è per hauer mai alcun pari ne hà hauuto à tépi auanti che ſi fauoleggino i poeti della ſua Aragne. Percioche trà l'altre eccellenze cuce con tale arte che il punto appare coſì dall'una come dal-

l'altra parte. Onde anco per eccellenza egli ſi dimanda il punto dell'ago della gran Cantona. Con cui hà fatto opere innumerabili di marauiglioſa bellezza à grandiſſime Principeſſe tanto ſtraniere quanto Italiane e principalmente alla Sereniſſima Infante Donna Catherina d'Auſtria, dalla quale hà commiſſione ancora di fare vna Annunciata in vn frontale d'altare alla Sereniſſima Madama Dorotea di Branſuich, & alla Sereniſſima gran Ducheſſa di Toſcana ſua nepote. Et hora è occupata queſta ſingolar donna in fornire vn fruttiero, doue rappreſenta la Coronatione della Catholica Maeſtà del Rè

Filippo Secondo di Spagna, con la rinuntia de gli Stati fattagli dalla Ceſarea Maeſtà dell'Imperatore Carlo Quinto ſuo padre, oue ſi vedono gli Stati di S. Maeſtà in figure, con le Impreſe loro, & la Regina Maria cõ molti Caualieri, & all'intorno ſono in figure, la Religione, la Giuſtitia, la Fortezza, la Prudenza, la Pace, la Felicità, la Fama, con alcune Impreſe che conformano con dette virtù. E ſono tutti queſti Principi ritratti al naturale, & ſi veggono da tutte due le parti egualmente. Attende ancora nell'iſteſſo tempo à rappreſentar il

contraſto

contrasto tra Pallade, & Aragne, & l'eccelléze, & i vituperi de
i Dei. Mà troppo lungo sarebbe il raccontar aduna aduna
l'opere sue, & degnamente lodarle. Si che ne lascio la cura al
Tasso, & à molti altri begl'ingegni di questi tempi, che la van
no celebrando ne i loro poemi. Di qui potrà il pittore passa-
re à leggere il trattato della pittura, vscito già qualche anni
fà in luce, ancor che secondo l'ordine della dottrina douea
vscir doppo questa, poi che ella è come vn compendio, & som
mario di quello, come da principio a bastanza hò dichiarato.
E congiungendo l'uno con l'altro egli verrà ad intendere e
più chiaramente e più compitamente tutto quello che io hò
lungamente discorso intorno à quest'arte non men difficile
che nobile e liberale della pittura.

IL FINE.

Errori più importanti occorsi nella stampa.

Il primo numero significa la pagina, il secondo la linea.

Pagine 2. linea vltima, dihiarando, dichiarando: 4. 18. compofione, compofitione: 8. 11. ftentauo, ftentano: 23. 24 empio, tempio: 25. 3. Metrodore, Metrodotto: 26. 27. Olimpia, Olimpiadi: 33. 5. mene, mente: 37. 20. gi gli: 43. 27. apli-
candol e, applicandole: 52. 18. feconda, feconda: 54. 21. caprivio, capricio: 55.
15. dimoftato, dimoftrato: 55. 22. graia, gratia: 57. 14. cforme, conforme: 58. 3.
prche, perche: 65. 1. di è, è di: 66. 9. dè, da: 71. 1. à à, à: 78. 12. parti, pareti: 78.
25. fi, fimili: 81. 21. vniuerlale, vniuerfale: 81. 22. meragliofe, morauigliofe: 82. 24.
neeffario, neceffario: 83. 30. coporale, corporale: 84. 31 profondità, profondità: 92.
6. conftitutte, conftituire: 104. 28. più, manco: 119. 20. negi, negli: 126. 11. ifquar-
canido, ifquarciando: 129. 27. proportiohatiffimi, proportionatiffimi: 138. 23.
fotto, le pupille de: 146. 16. riguardano, riguarda: 150. 10. cen, vn: 156. 10. altri,
bianchi: 156. 11. i bianchi, gli altri.

Errori occorsi ancora nelle notationi.

A pagine 28. alla notatione 2. amaca, amata: 28. 5. volt, volta: 29. 3. epreffion, espref-
fion: 36. 1. parte, per arte: 42. 2. il, al: 45. 5. Gonernatori, Gouernatori: 52. 7. Raa-
ello, Rafaello: 66. 1. diuerfa, diuifa 67. 4. patiente, partiente: 75. 1. octupino
occupino: 77. 3. cd, che: 93. 1. proprrione, proportione: 101. 2. moto, modo: 107. 4.
abbagliate, abbagliata: 115. 3. inuettiua, inuentiua: 132. 2. Buonar, Buonarroto: 141.
1. proporrioni, proportioni: 151. 3. Arerino, Aretino: 153. 2. Architetti, Architetto:
157. 4. auoia, Sauoia: 159. 2. colebrato, celebrato.

REGISTRO.

❈ A B C D E F G H I K L M

Tutti fono Duerni, eccetto M che è vn foglio.

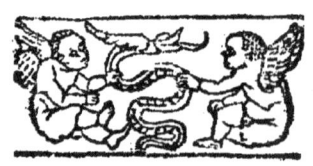

IN MILANO

Appreffo Paolo Gottardo Pontio 1590.

Con licenza de' Superiori.

www.ingramcontent.com/pod-product-compliance
Lightning Source LLC
Chambersburg PA
CBHW071534220526
45469CB00003B/771